太平洋ひとりぼっち

堀江謙一

1962年 単独太平洋横断(西宮～サンフランシスコ)

〈マーメイド〉号の航跡

昭和37年(1962年)8月12日(日)、
23歳の青年、堀江謙一は全長19フィートのヨット〈マーメイド〉に乗り、
サンフランシスコのゴールデンゲートの下を通過した。
5月12日に西宮の岸壁を出港して以来、
94日後の単独太平洋横断のフィニッシュであった。
その後、堀江謙一は40年間のあいだに単独世界一周(1974年)を皮切りに、
数々の冒険航海に挑戦し続けてきた。

1974年 単独無寄港世界一周

1982年
縦回り世界一周

1985年　太陽電池を電源とするソーラーボートで単独ホノルル～父島

1989年　全長2.8mの超小型ヨットで単独太平洋横断
（サンフランシスコ～西宮）

1993年　足漕ぎボートによる単独ホノルル～沖縄
撮影／朝日新聞社

1996年　ソーラーボートによる単独太平洋横断
（エクアドル～東京）撮影／大瀧久治

1999年　ビール樽528個を使用して出来たヨットで単独太平洋横断
（サンフランシスコ～明石）撮影／塚井貞人

2002年　ウイスキー樽をリサイクルして建造されたヨットで単独太平洋横断
（西宮～サンフランシスコ）撮影／塚井貞人

太平洋ひとりぼっち　目次

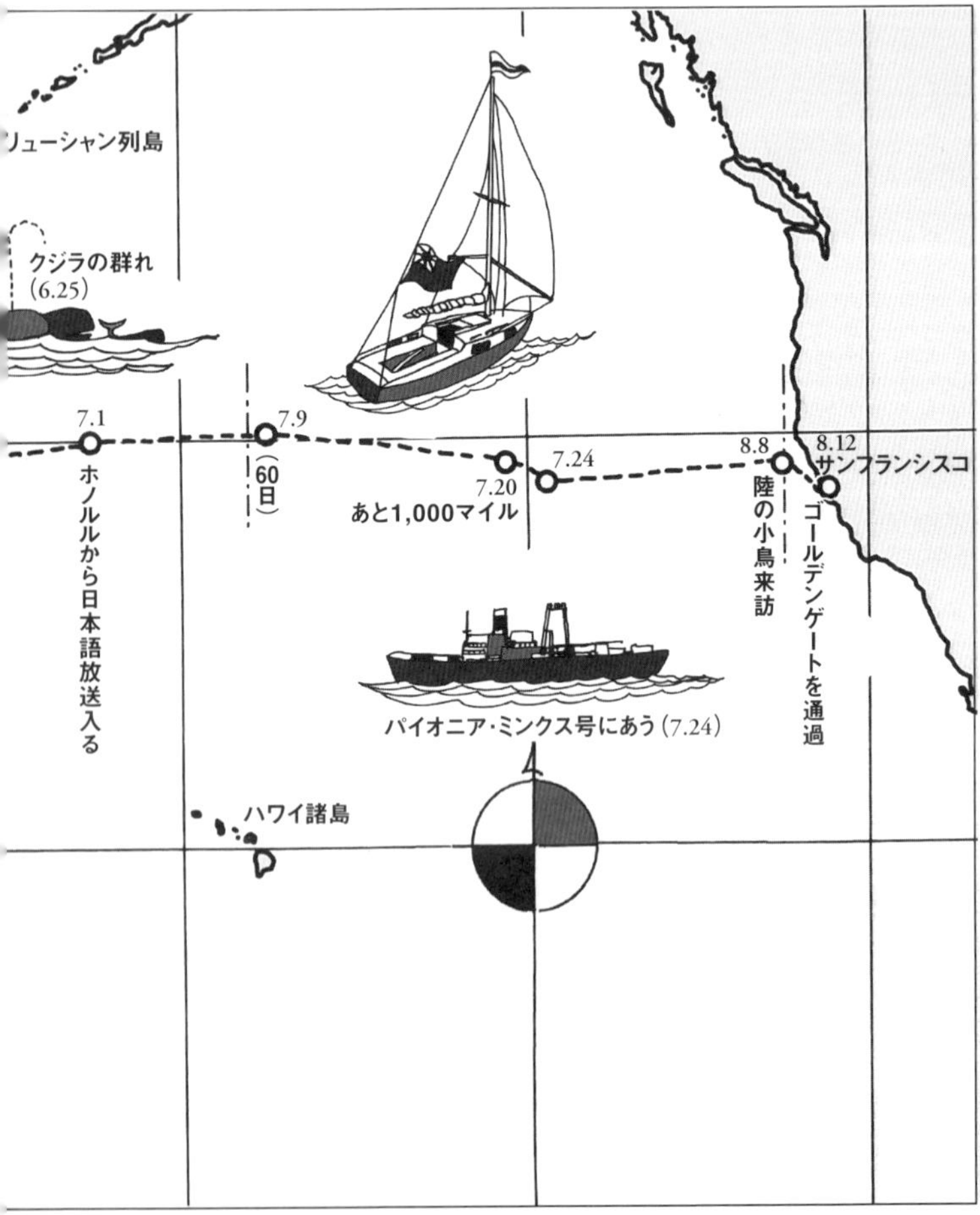

〈マーメイド〉号単独太平洋横断の航跡

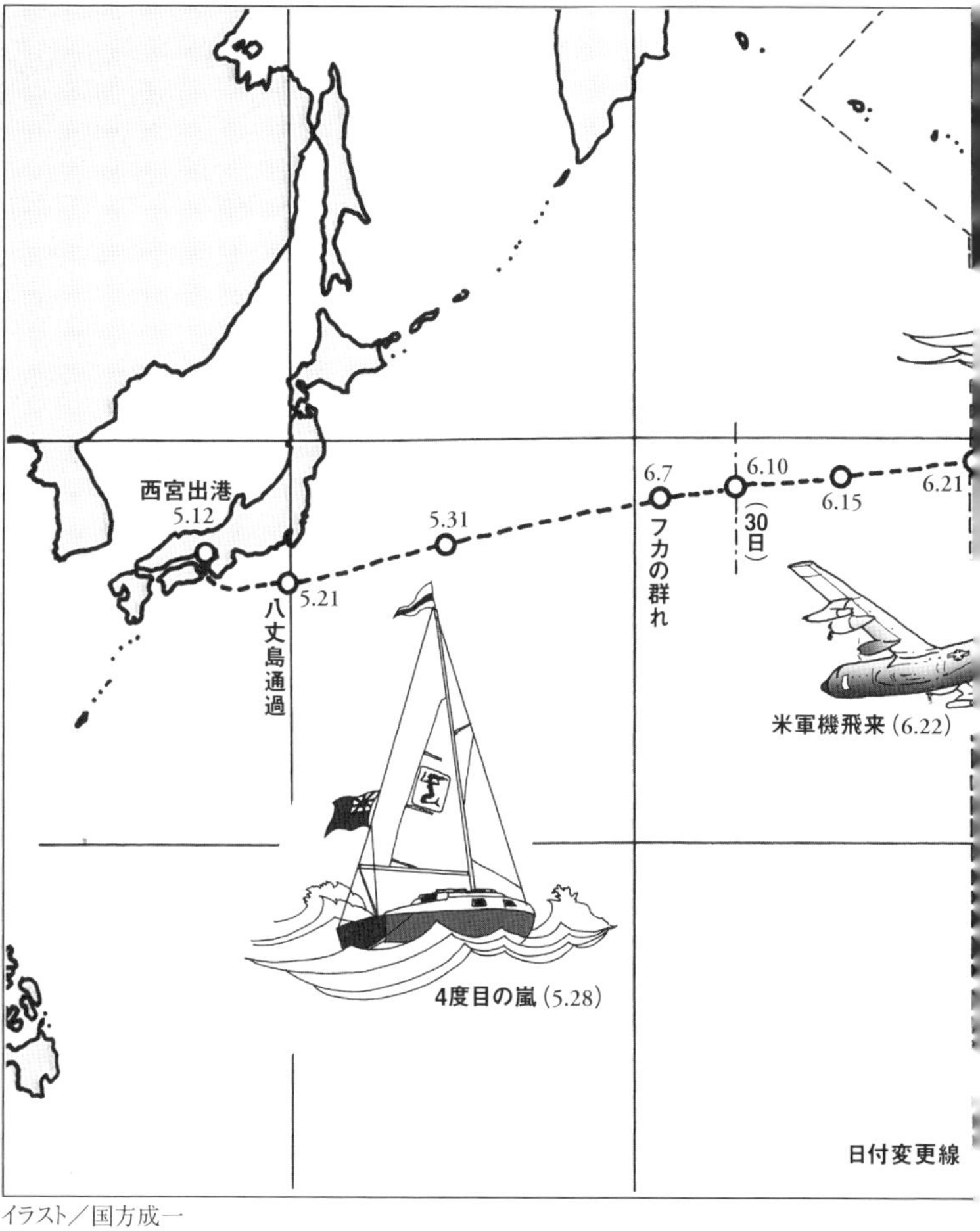

西宮出港
5.12
5.21
八丈島通過
5.31
6.7
フカの群れ
6.10
(30日)
6.15
6.21
米軍機飛来(6.22)
4度目の嵐(5.28)
日付変更線

イラスト／国方成一

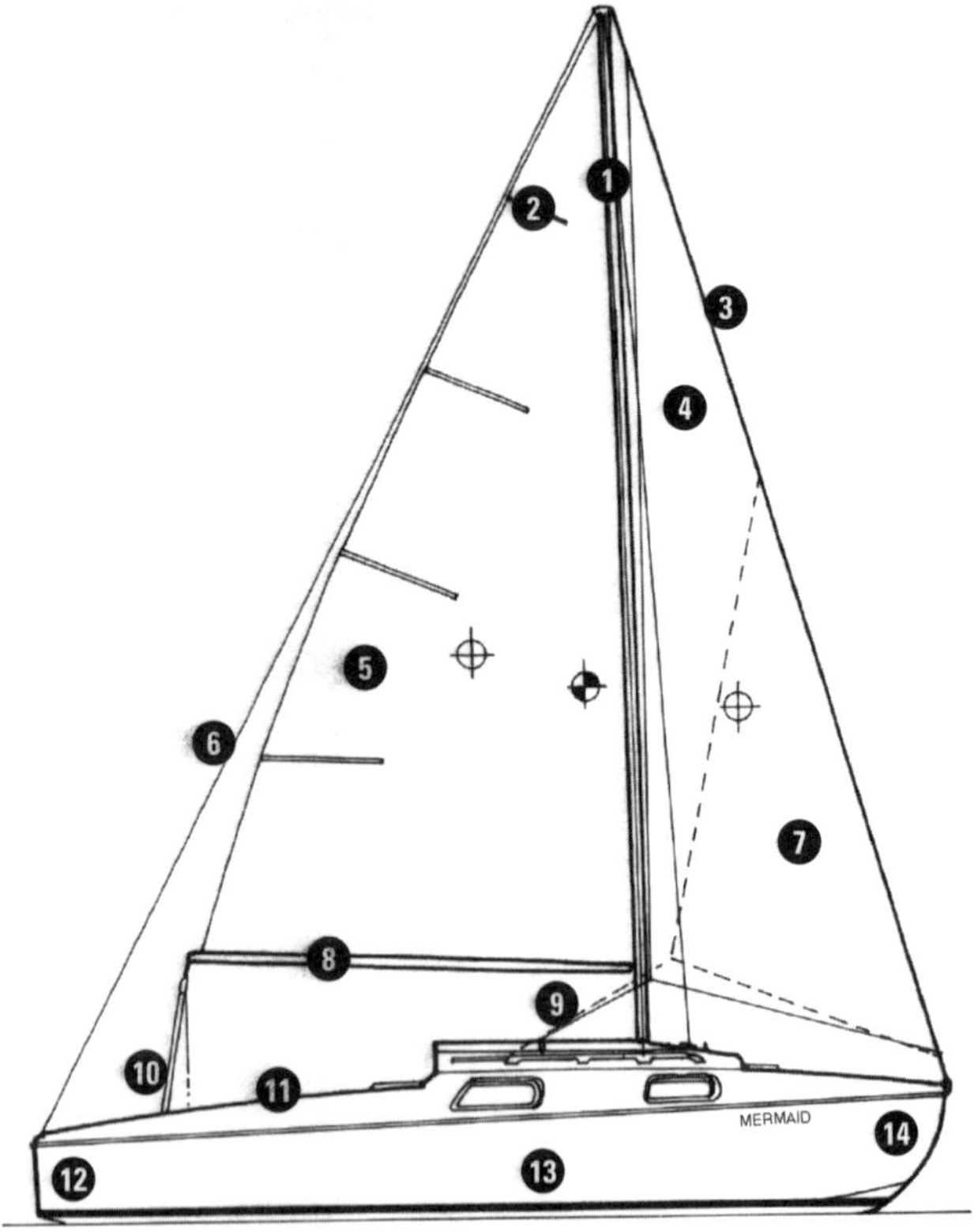

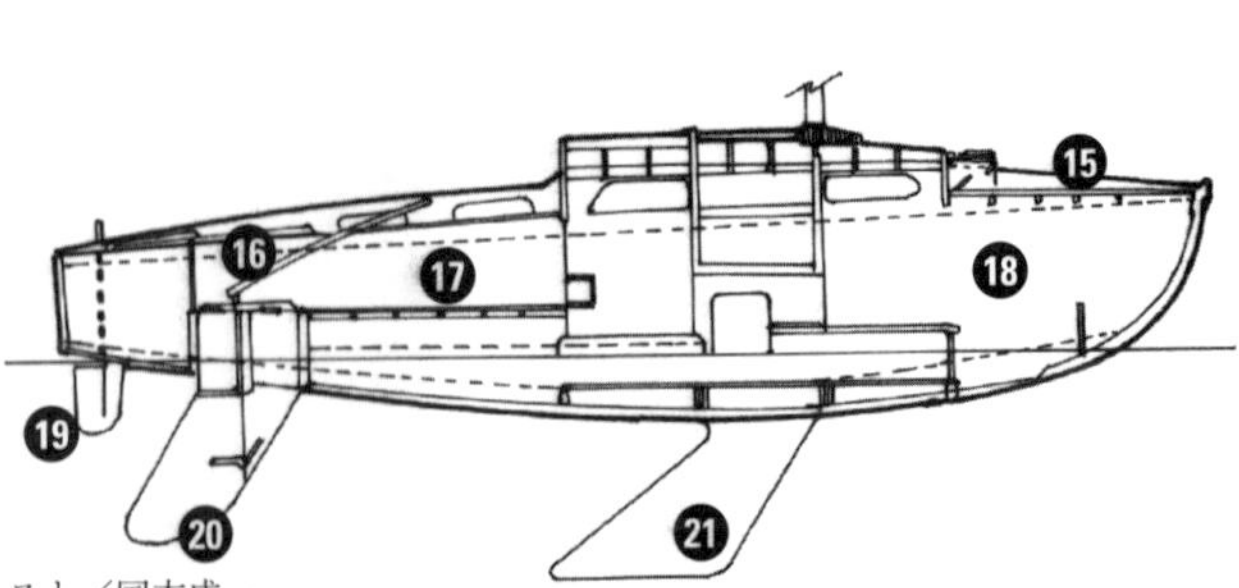

イラスト／国方成一

〈マーメイド〉号の主要目

■全長 5.8m
■水線長 5.1m
■全幅 2.0m
■吃水 1.1m
■重量 697kg

セール面積
■メイン 7.7m²
■クルージングジブ 4.64m²
■ストームジブ 2.62m²

❶ マスト
❷ バテン（上から第1、第2、第3、第4）
❸ フォアステイ
❹ クルージングジブ（レギュラージブ）
❺ メインセール（メンスル）
❻ バックステイ
❼ ストームジブ
❽ ブーム
❾ ジブシート
❿ メインシート
⓫ コクピット
⓬ スターン（船尾部）
⓭ ハル（艇体）
⓮ バウ（船首部）
⓯ バウデッキ
⓰ ティラー
⓱ クォーターバース
⓲ フォクスル
⓳ ベーンラダー
⓴ ラダー
㉑ フィンキール（294kg）

太平洋への夢

わたりたいから……

なん百回……いや、ひょっとすると、なん千回かもしれない。あれ以来、ぼくはどんなに、おんなじ質問ばかり、くりかえされたことだろう。

人は口を開けば、きまって、

「きみが太平洋をわたった動機は？……理由は？……目的は？」

と、まずこうきた。

プロの評論家や新聞記者もそうだった。ゆきずりに顔を合わせた連中も、かならずそれをいった。みんな、ぼくから、なにか特別の〝お話〟でも引き出せるつもりの顔つきをしていた。

ぼくは、そのたんびに弱ってしまった。これといって、言うことがないものだから、

「わたりたいから、わたったんですよ」

正直に、本音を吐いた。これで、ぜんぶなのだ。動機も、目的も、すべては太平洋をわたることとズバリにつきる。

しかし、このいちばん切実な気持を「なるほど」と、飲みこんでくれる人は、ひとりもいなかった。かならず、「そういえば、そうだろうが、しかし、小さなヨットで単身、太平洋を横断するについては、なにか、とくに……」

追いうちをかけてきて、リクツみたいなことを、言わせようとした。ぼくがうまく説明できないでいると、自分なりの解決を持ち出して、それにコジつけたがる人たちも多かった。

「わたりたいから、わたった」

こんな単純な気分が、どうしてわからないんだろうと、ぼくは不思議だった。だから、一生懸命に、納得してもらおうとつとめたが、ダメだった。そのうち、バカバカしくなった。それから、腹が立った。

プンプンして帰ってくると、ヨット仲間たちは愉快がった。同情する人もいた。いっしょに憤慨してくれる友だちもあった。しかし、ヨット仲間は異口同音に、こう言った。

「ワカッチャイネエンダナア。こんなあたりまえのことが、ねえ」

我々の仲間では、あたりまえのことなのだ。ヨットをやる人間なら、だれだって、一度は太平洋をセーリング（帆走）してわたりたいと、ほんきで夢を見る。

質問する人たちのお気に入るような、立派な理由は、お答えできない。でも、こんな気持は、ヨットをやらない人には、通じないのかもしれない。

ヨット人口の多いサンフランシスコでさえ、やっぱり、ちがわなかった。集中された質問は、「なぜ?」であった。あのときも、ぼくはおなじことを答えた。

「わたりたいから」

すると、通訳の人が、

「パシフィック・オーシャン、なんとか、かんとか」

それを聞いて、記者団のひとりが、皮肉そうな口つきで言った。

「じゃ、きみは、これからアメリカ大陸をわたるつもりかい?」

なんのことやら、ぼくにはさっぱりわからなかった。あとで知ったのだが、そのとき、通訳さんがこう訳していたんだ。

「そこに、太平洋があるから……」

おかげで、大陸がどうのこうのと、意地の悪いことをいわれたのである。

ぼくは、そんなキザな文句を言いはしなかった。だいいち、二番せんじということが、ぼくの性に合わない。いくら、ヒマラヤ登山で有名なマローリィの名文句でも、貸し衣裳はごめんだ。

この話をすると、なかには、

「名通訳やないか。うまいこと訳しとる。怒ることないやろ」

ぼくの意地ッ張りを笑うオトナもいた。でも、この機会にハッキリ言わせてもらいたい。「太平洋があるから」なんて、歯の浮くような発言はしなかった。

ぼくが末席につらなっている〈NORC〉（旧日本オーシャン・レーシング・クラブ、現在の日本セーリング連盟）には、五百人からの先輩がおられる。そのだれにでも、聞いてくれるといい。

「あんた、ヨットで太平洋をわたりたいですか？」

五百人とも、即座に、おなじ答をするにきまっている。

「むろんですよ」

「なぜ？」

「あたりまえじゃないですか」

二十年以上も、そのことばかり考えてきた先輩もいる。着々と計画を進めて、手ぐすねひいていた人も、何人か知っている。たまたま、ぼくが先を越させて頂いたまでである。

日本が面している外海は太平洋だ。遠くまでクルージング（航海）するとなれば、太平洋横断というケースになる。どうしても、そこへ考えがいってしまう。そこにあるからわたりたくなるのではない。大きいヨッティングをしようとすると、結局は、太平洋をわたることになるだけだ。太平洋を征服するのが、目的ではなく、主体はセーリングである。

ただ、こういうことはいえる。七つの海のなかで、太平洋はいちばん広い。しかも、シングル・ハンド（単独）でわたった日本人はいない。白人の記録ばかりだ。よし、やってやろう。ぼくにも、最高位をねらおうとする功名心みたいなものはあった。

泳げるのは五〇メートル

ぼくは、生まれつき海好きだった、と何かに書いてあったが、そんな大ゲサなことはない。昭和一三年の九月八日、ぼくは自動車部品商の長男として、大阪市港区東田中町で生まれた。港区だから海には近い。幼児時代にも、一人前に水遊びはした。時には、海にはまって、バレるとまずいので、服を乾かしてから帰ったことぐらいはある。

一九年に、大阪府下の箕面《みのお》市へ疎開した。水とは縁が切れた。二〇年、小学一年のとき、母の実家がある岡山市に移った。旭川という河が、市中を流れていたので、友だちに誘われては、泳ぎにいった。でも、友だちがムリをして、ヘトヘトに疲れるまで泳ぐのには、つきあう気になれなかった。せいぜい五〇メートルが、泳げる限度だった。いまだって、そんなところだ。

それでも、親に禁止されると、かえって出かけていった。泳ぐと、鼻の頭が光る。これでは、わかってしまう。同級生に教えられて、焼けた石で鼻の先をこすって、消したこともある。

三年いて、大阪へもどった。小学校のななめむかいに、運河があった。写生の時間に、先生が用事で教員室に帰った。そのすきに泳いで、ごつう怒られた。そんなに泳ぎたかったわけではない。ただの茶目気だった。

二六年、家の近くの八阪中学に入った。夏休みに、甲子園で臨海学校が開かれた。ピッピッと笛を合図に、キッチリ二十分ずつ海につかるのは、まるでおもしろくなかった。午後になると、波がきつくなって、むしろ苦痛だった。泳ぎにも、ボートにも、ぜんぜん興味が持てなかった。

中学を出るまで、ぼくと水のつながりは、そのぐらいしかない。水のそばへ行くのは、友だちがたくさんいるからだった。

それよりは、鉄棒にこった。二年の後半から、体操部に入った。からだのバランスと握力はよかった。

二九年、関西大学第一高等学校（関大一高）に進んだ。これという理由もない。入学するとき、ずいぶん月謝の高い学校だと感じた。

入ってから、ヨット部があると聞いた。それまでは、なんにも知らなかった。

——なんとなく、ヨットもよさそうやな。

そんな気持で、入部することにした。それまではヨットにさわったことさえなかった。

ただ、頭のなかには漠然としたイメージがあった。映画のシーンで、たぶん、オリンピックの映画だったろう。レーサー（競走用のヨット）が走っていた。部があると教えられて、ヨットをやる気になったのは、そのイメージのせいだとおもう。

入部して、あきれた。すごく封建的だった。大学とつづいているので、練習は大学生がコーチをする。大学の高学年とホヤホヤの高校一年とでは、年齢が六つも七つもちがっていた。合宿ともなると、ムチャクチャだ。ヨットに乗っているのが、タップリ十時間である。その前の準備と後の整備が、それぞれ一時間はかかった。途中で、一時間だけ休ませてもらった。これで合計十三時間。

勉強もしなくてはならなかった。寝るのはバラックみたいなところで、雑居だ。いつも、からだがぬれていた。頭は痛みっぱなしだった。疲れてタルむと、水をぶっかけられた。

合宿がすんで、家に帰ってから数日は、飯を食うとき以外、ずっと眠りつづけた。日に二十時間以上だ。オフクロが心配したが、ただの過労と知ると、こんどはむしろ、感心されたものだった。

夏休みには、三日しか家へ帰れなかった。

——なんで、こないにハード・トレーニングせんならんのやろ？　もっと合理的な練習法はないんかいな？

まじめに、そんなことを考えた。やりかたへの抵抗ははげしかった。

入部して、一か月がすぎた。気がついたら、いっしょに入った一年生は、ひとりしか残っ

ていなかった。三十人近くいたのに、ぼくだけだ。このとき、

――オレはやめへんぞ。

猛然とファイトがわいた。練習は、相変わらずイヤだった。ヨットも好きになれない。しかし、こうなったからには、もう後には引けなかった。卒業までやることにした。意地である。

そう決心したら、少し楽になった。先輩たちも、新人生が全滅しては困るとおもって、いくらか大事にしてくれたのかもしれない。


風だけでよう走るもんや……


練習は、西宮のハーバーでやった。ちょっとA級ディンギー（いちばん小さくて、初心者むきのヨット）に乗ってあとはスナイプ（艇のクラス名）だった。

スナイプは二人乗りだ。ひとりがスキッパー（艇長）で、もうひとりがクルー（乗組員）になる。もちろん、ぼくはクルーである。たったひとりの一年生だから、いちばんの下ッ端。しかたがない。

――朝から晩まで、こんなことしてて、なんになるんやろ？

なん回も頭をひねった。でも、スナイプはよく走った。

――風だけしか動力がないわりには、よう走るもんや。

バカげたことに感嘆したのを、覚えている。

メガホンで怒鳴られ、怒鳴られ、二年生になった。ヤレヤレとおもったが、また一年生とコミにされた。ティラー（舵棒）は握らせてもらえない。肝心のセーリングなんか、教わるどころではなかった。

スキッパーはメイン・セール（主帆）をあつかう。これだと、シート（引き綱）がダブルになっているから、操作は軽い。クルーの担当はジブ（前帆）である。シートは一本の綱だ。これをつねにゆるめないように、全力でひっぱる。生ハンカな握りかたでは、しめきれない。きつくつかんだまま、からだでバランスをとりながら走らせる。

掌の皮がむけた。むけたあとの赤肌が、さらに千切れた。そんな手でシートを握りつづけていると、いざ離そうとしても、掌がひらかなかった。からだは四六時中、ズクズクにぬれていた。やっと、ティラーにさわらせてもらったのは、二年も終りになってからだった。卒業が近づくと、三年生は引退する。トコロテンで主将になった。

しかし、二年間もクルー専門にやらされたのは、うんと役に立った。ずいぶんたくさんのスキッパーと組んだ。いつの間にか、ステァリング（操舵）のうまいへたが、わかっていた。基礎も身についた。

こっちがフーフーやっていると、横を、大学生たちが大きな艇に乗って、クルージング（航海）に出かけていく。先輩が何をしようと、いちいち後輩にことわる必要はない。スイスイ走っていくのを見ると、無断でおいてきぼりを食わされた感じだった。

——勝手に、ええことしよる。

恨めしかった。

つまり、大きいボートに乗って、遠くへいきたい希望がくすぶっていた。それは、ボンヤリとだけれど、太平洋につながっていた。とくに、ぼくだけの感じではないんだ。強弱の差はあっても、みな、思いはひとつだった。

——チャンスがないもんかなあ。

空想がわいた。

——ヨットをやるのに、関西は不利やないやろか？

生意気に、そんなソロバンもはじいた。関西にはハーバーが少ない。大阪湾といえば、ほとんど西宮だけだ。ヨットマンも数えるほどしかいなかった。

スナイプに乗って、せいぜい芦屋か、深江あたりを、ウロウロしているのが、歯がゆくなった。そんな程度が、ぼくたちスナイパーには〝ロング〟（長距離航海）だった。

それでも、ぼくたち関大一高のヨット部は、二九年と三〇年、関西インター・ハイに連続優勝した。ぼくもクルーとして参加した。主将になった三一年は、二位に落ちた。

三一年には、国体にも出た。レースは西宮で開かれた。このときの成績は、悲しいかな、たしか、六位か七位だったような気がする。ハッキリは覚えていない。負けた以上は、六位でも七位でも、おなじことだ。

張り切って出場したのに、まったくシャクだった。実は、いまでも、負けた気がしない。だんだん、ぼくは二人乗りのスナイプを、ひとりで動かすようになっていった。意識して、そうつとめた。

三年のとき、〈グローリヤン・マリス〉というアメリカのヨットが、神戸に入った。太平洋をセーリングして帰米するので、クルーをほしがっている、と情報が流れた。

前年度の関大主将だった奥井さんが、仲間の安井さんと二人で、売りこみの猛運動をやった。ぼくは指をくわえて、それを見ていた。費用の問題があった。おまけに、帰りはマルマル自弁だそうだった。高校生などには、およばぬ話だ。

けっきょく、このクルージングは甲南大学の連中にとられた。ローマのオリンピックに、フィン級（クラス名）の補欠でいった山村さんたちが、乗っていってしまった。

——チャンスは、ぜんぜんないわけでもないんやなあ。

夢が熟していった。

スナイプに乗りながら、ぼくは外洋セーリングの本を読みあさった。〈大洋巡航物語〉〈実験漂流記〉〈紅毛海賊史〉などに、すっかりとりつかれた。海の物語ばかり買っていた。そのほか、日本丸や海鷹丸の航海記録もあさった。

でも、クルージングの本は、意外なほど少なかった。ことに、いちばんほしいイギリスの本が手に入らない。好きな者同士で、貸し借りして読んだ。単行本でなくても、太平洋と名のついているものは、なんでもかんでも買わなくては、気がすまなかった。写真でも、海図でも、ちょっとした記事でも……。

なかでも最高にぼくをひきつけたのは、フランスの青年医師アラン・ボンボワールが書いた〈実験漂流記〉とアメリカ人のスローカム船長の書いた〈セーリング・アローン・アラウンド・ザ・ワールド〉(「世界一周ひとりぼっち」)だった。

この二冊は、どっちも、シングル・ハンドの大洋航海記であった。

スローカムは、一八九五年から四年間もかかって、ヨットで世界を一周している。シングル・ハンドでトランス・オーシャン(大洋渡航)をやった元祖だ。ぼくにとっては、神様だった。

ボンボワールのほうは、自分を人体実験に使った漂流の記録だ。飲料水や食糧を海の上で調達しながら、ゴム・ボートで二か月かかって、大西洋をわたっている。海水と魚で生きたのである。最低生活のデータだった。

スローカムはヨットで大洋ナビゲーション(航海)をやってのけた。船としてのヨットの可能性を、みごとに証明してくれた。ボンボワールは、人間のからだが海上での現地調達暮らしに、どこまで耐えられるかをハッキリさせてくれた。

ぼくの夢が、どんなふうにふくらんでいったかは、いうまでもないだろう。

毎日、毎晩、ぼくは頭のなかで、太平洋を走りまわっていた。

先輩たちとヨット購入

ねらいはクルーザー

卒業が近くなった。ぼくはこれ以上、進学しないことにした。

しかし、このいきさつについても、イヤらしいデマが流れていて、気に食わない。

ぼくが大学へいかなかった第一の原因は、勉強がきらいだったからだ。ほんとうをいえば、高等学校にも入りたくなかった。でも、あのころは、まだ小さかった。意思表示はしたんだけれど、力およばず、親の圧力で、ムリヤリ入れられた。その無念さが、いまだに残っていた。

——こんどは、なんといわれても、ぜったいにいかへんぞ。

固く決心していた。もうからだだって大きい。腕ずくでも抵抗する気だった。

もちろん、親は進学させたかったらしい。まして、関大一高は関大の付属だ。関大へいくつもりなら、一応、試験はあっても、よっぽど成績が悪くないかぎりほとんどエスカレーターでいける。ぼくは勉強しなかったから、あまりいいところにはいない。それでも、中の上ぐらいにはいた。入れないはずはなかった。

これがまた、ぼくのカンにさわるんだ。黙っておってもいけるところへいくのは、男の恥とヘソをまげた。といって、よそのむずかしい試験を受けるつもりは、なおのことない。どっちみち、大学へいくのはおことわりだった。

「ヨットに専念したいばっかりに、進学をあきらめたそうですね」

この質問がいちばん不愉快だった。大学へ入りたいのに、ムリしてあきらめるなんて、ぼくにはできない。

だいいち、大学へいってもヨットはやれる。いままでも、高校へいきながら、セーリングをしてきたのだもの。だから、裏がえして考えれば、大学へいかなくったって、ヨットはできるわけだった。

もし、高校だけでやめた気持に、ヨット熱が影響しているとすれば、それはひとつしかない。関大のヨット部に進んだら、どうしてもやらされるのがレーシングにきまっている。ぼくの気持は、もうレーサーでやる競走を離れていた。だから、クルージングの練習にあまりプラスしない学生ヨットは、敬遠したかった。太平洋横断に、レーサーは直接の関係がないからである。ぼくのねらいは、クルーザーに進んでいた。

それには、早く自分のクルーザーを手に入れなくてはいけない。むろん、金がいる。金をためるためには、おなじスネカジリにしても、学校へいくよりは、うちで仕事をするほうが、ましだろう。心の片隅に、少しはそんな計算もあった。

昭和三二年の春、ぼくは首尾よく、社会人になった。うちの仕事（自動車部品販売）を手つだうことにして、堀江商会から金一万円の月給をもらいはじめた。衣食住つきだから、そう悪い給料ではなかった。

それでも、この収入しか、クルーザーを買うための資金はない。そう考えると、なるべく貯金したかった。だが、世のなかへ出たてのころは、いろいろと金がいるものである。そこで、ぼくは、そういう出費はなるべく親から取る作戦に出た。

「ズボン買うて」

「シャツないねん」

二、三度は、親も高校時代からの習慣で、スンナリ出してくれる。けれど、少しつづくと気がついて、

「なんや、月給もろてるくせに……。そのくらい、自分で買わんかい」

とくる。

そんなわけで、毎月、郵便局へ持っていける金は、三、四千円か、せいぜい五千円どまりだった。

――これでは、いつになったら、ヨットが買えるんやろ？

通帳の数字を見るたびに、頭が重かった。

しかし、そのころは、気持が先へ進んでいるだけで、クルーザーの管理はどうすればいいのか、さっぱり知らなかった。

ぼくはずっとスナイプ乗りだった。スナイプやA級ディンギーなら、使わないときには、みんなでヨイショヨイショとかつぎあげればいい。しかし、クルーザーの陸あげは、そう簡易にはいかない。

当時、西宮には、秋田さんの〈ツインスター〉(四一フィート)のほかに、一隻か二隻しかクルーザーがいなかった。ぼくたちは、クルーザーの知識を仕入れたくても、手がかりがないのだ。だから、現実には、クルーザーは未知の世界といってよかった。おかげで、金がたまらなくても、それほどあせらずにすんだ。

それでも、店の業務には、なるべく深入りしないように警戒した。うちこみすぎると、オヤジがあてにしだすだろう。責任を持たされるかもしれない。そうなってはたいへんだ。ハーバーへいく時間が少なくなる。ぼくは仕事の限界を守るように注意した。

関大一高では、伝統として、OB一年生は現役の面倒を見ることになっている。それをいいことに、時間の半分は西宮の浜ですごした。

スナイプにひとりで乗ったり、ときには、関大OB会で持っている〈IS〉を使わせてもらった。〈ＩＳ〉とは、〈インランド・シー〉のことだ。クルーザーとスナイプの中間ぐらいの大きさで、和船づくりのヨットだった。合宿にも参加した。

一〇パーセント・オーナーになる

三二年一一月一日、ぼくは自動車の運転免許を、一発でとった。その直後だったとおもう。ぼくは西宮のハーバーで、免許証のことを自慢して歩いていた。

たしか、何かレースのある日だった。

税関の前をふらついていたら、

「オイ、堀江」

と呼びとめられた。

関大ＯＢの竹内さんが、デカいからだで立っていた。

「なんですね？」

「ちょっと、きみに話がある。ま、すわれ」

ぼくはへんな気がした。

竹内さんは、関大出のヨットマンとしては、奥井さんよりもっと大先輩だ。その奥井さんだって、ぼくが高校二年のときの大学主将である。スポーツの世界は、どこでもそうだろうが、五、六年のちがいは無限に近い。奥井さんの前へ出ると、ぼくなんかゴミみたいなもんだった。ところが、竹内さんときたら、そのまたはるか雲の上にいた。ぼくらのことばでいえば、〝ごついエライさん〟であった。

ふだんは、挨拶をしても、ろくに口もきいてもらえない相手なんだ。それが、むこうから声をかけてきて、話があるっていう。

——じきじきにお叱りを受けるようなことを、したつもりはないんやがな。

ともかく、税関の前の岸壁に、ならんで腰をおろした。

「どや、ぼくらといっしょに、船を持つ気ないか？　というのはな、いま、こんな計画があるんや」

竹内さんは、独得の筋道だった話しかたで、シャベリはじめた。ぼくは足をブラブラさせながら謹聴していたのを記憶している。話というのは、こうだった。

関大OB会の有志で、いま、共有艇をつくりかけている。といっても、まだ設計の段階だ。むろん、クルーザーで二五フィートにはしたい。が、そうなると、たぶん百万円はかかるだろう。

いま、メンバーは七、八人しかいない。これでは、一人あたりの負担がちょっと重すぎる。で、適当な人間をさがしていた。いっしょに持つからには、気分の悪いヤツでは困る。ヨットが好きで、しかも、気の合いそうな男はおらんかいな。そう選考して、きみに白羽の矢を立てた。それに、きみなら、ある程度の金は出せるだろう。

「と、まあ、そういうわけや。一口、乗るつもりはないか?」

竹内さんは関大OBセーリング・クラブの総務をしていた。こんどの艇のマネージングも引き受けている。これは正式の勧誘だった。

「二、三日、考えさせてください」

それだけ答えて、ぼくは別れた。

ふつうなら、ぼくは加入すべきではなかった。メンバーは全員が関大OBだった。ぼくは高校のOBだ。少し筋がちがう。そのうえ、年齢が離れすぎている。最長老の野間さんとはひとまわり、いちばん近い人でも、三つか四つは上である。

そういう尻ごみのほかに、打算もあった。飛びぬけて若いものが、ポッンと入っていけば、兵隊にされるのは知れたことだ。コキ使われるにきまっていた。おなじように、頭割りの金を出しておいて、追いまわされるのは、バカバカしい。こうも考えた。

金の問題もあった。そのときまでに、ぼくの貯金は、まだ四万円ぐらいしかたまっていなかった。これから先、どの程度ひねり出せるかも、見当がつかない。

三日か四日して、ぼくは竹内さんに返事をしにいった。

「よろしゅう、お願いします」

すると、竹内さんはちょっと意外そうな顔をした。

「そうか。あのときの感じでは、あまり乗り気やないのかと、おもとったんやがね。しかし、よかった」

ぼくがこのグループに入る決心をしたのは、メンバーがみんなこっちよりうまい人たちばかりだからだった。自分より下の人と組んだのでは、なんにもならない。が、しあわせなことに、こんどの仲間はみんな関西ヨット界のお歴々だ。

——よし、この先輩たちの技術や知識を、そっくりちょうだいしてやれ。

不遜だけれど、そう計算したとき、ぼくの気持はきまった。少々、居心地が悪いのや、酷使されることぐらいは、月謝だとおもえばいい。こんな本心だった。

三四年六月一三日、共有艇は大阪の水谷造船所で進水した。純白の〈サザン・クロス〉（南十字星）は、先輩たちの手で西宮に回航されてきた。

——大きいなあ。

感激だった。一歩前進した実感で、ハル（艇体）をなでた。オレもこれでオーナーのはしくれだ。ヨットマンの誇りが、胸いっぱいにひろがった。たとえ、〝テン・パーセント・オーナー〟（十分の一だけの持ち主）でも、二十歳やそこらで自分の船を持てた喜びは、ぜったいであった。

お金の点では、難儀をした。十万円といえば、ごつい大金だ。毎月、四千円、五千円と、月賦で払いこんだ。しかし、気持の上では、そうつらくなかった。ムリに節約したわけではないのだから……。自分のヨットが、だんだんできあがっていく楽しさだけで、十二分だった。ほかの娯楽に目をむける余裕なんか、あるはずがない。〈サザン・クロス〉に全財産を注ぎこむことが、それ自身、ぼくの生きがいになっていた。

——さあ、これから、トランス・オーシャンの勉強や！

西宮に回航されてきた日、ぼくは〈サザン・クロス〉のあちこちを、いじりまわしてばかりいた。

洲本は遠うおまんな

覚悟していたとおりになった。

「オーイ、堀江！」

「堀江、おらんかあ！」

作業が一段落して、ホッとしようとすると、たちまち声がかかる。あっちへ走り、こっちへ飛び、動きどおしだった。

まず、テンダー（小ボート）要員だ。岸から先輩たちを乗せて、係留地点まで漕ぐ。ヨットに人や荷物をあげて、岸にもどる。乗せて、またいく。これをくりかえす。

水の積みこみも、ぼくの係だった。岸壁にある水道から、バケツにくむ。そいつをテンダーに運ぶ。お皿みたいな舟だから、やたらとゆれるのでバケツの水はジャンスカこぼれる。すごく歩どまりが悪い。何十リットルもの水を積むには、六、七回は往復しなくてはダメだった。

クルージングのスタートは、何時ときまっている。ぜったいに間に合わせなくてはいけない。たいていは夕方の五時か六時が出発時刻だ。お昼にはハーバーに着いて、準備にかかりきった。走りだす時分にはいつもクタクタになっていた。すぐに酔っぱらった。

生あくびが出てくる、かみ殺しているうちに、なんだか大便がしたくなる。こりゃいかんとおもうと、ムカムカッとする、あとは、ゲェゲェだ。

——ヨットは丈夫やなあ。

ひがみたいような、うれしいような、おかしな気分でそう考えた。人間がこんなに参っているのに、船はシケのなかを、波を切ってザッザッと進んでいく。たくましさがたのもしくなった。

ぼくがまっ青になっていると、先輩たちがいった。

「バウへ入って、休んどれ」

バウ（船首部）はキャビン（船室）のいちばん奥である。空気が流れない。おまけに、最高にゆれがひどい。そんなところで寝ていたら、ますます船酔いがきつくなるのは、あたりまえなんだ。

「堀江は弱いなあ」

とうとう、定評ができてしまった。

猛烈にシャクだった。そりゃ、たしかに、ぼくは船酔いに強くはない。強くはないけれど、ベラボウに弱いともおもわない。半日も働きづめで、グロッキーになってから、乗っているんだ。しかも、いけなくなると、バウに押しこめられる。酔う条件が重なっている。

——なにが、船酔いの常習犯だ。わかってないな。

心外のかぎりである。しかし、レッテルというヤツは、一度はられると、もういけない。おまけに、えらいことを口走ってしまったんだ。

三四年の七月だった。〈サザン・クロス〉は洲本レースに出場した。西宮をスタートして、淡路島の洲本がゴールだ。大阪湾のまん中を縦断するわけで、距離は三〇マイルを越す。だいたい、十八時間かかる。野間さん、竹内さん、奥井さん、西川さんたちといっしょに、ぼくも乗り組んだ。このレースには、森繁久弥さんも参加していた。

豪雨がしぶいて、薄暗いなかを飛び出した。すごい雷が海面にとどろいた。一時間たったころ、陽が落ちた。また、ぼくはいけなくなっていた。

このときのやられかたは、とくにすごかった。いいわけはしたくないけれど、疲れきっていたためだろう。気持が悪くて、悪くて、夜じゅう頭があがらなかった。

ふだんなら、いくら酔っていても、仕事だけはできた。苦しくても、やることだけはやる。

それでいいんだとおもっていた。酔うことは、みっともないにはちがいないけれど、それだけなら、そう恥ずかしがる必要はない。

竹内さんがよくいっていた。

「ぜんぜん船酔いしない人間なんて、百人に一人しかいないよ。酔うのがノーマルなんだ。ただ、肉体的に酔っていても、精神力までイカレるか、どうかや」

竹内さん自身、あまり強いほうではない。でも、スキッパーのときは、シャンとしていた。

それにしても、この夜だけは、どうにも、ものにならなかった。あまりの苦しさに、バウに転がったまま、なにやら弱音を吐いたらしい。本人はよく覚えていないのだが、先輩たちにいわせると、

「洲本は遠うおまんなあ」

そうコボしたんだそうだ。これがすごく響いてしまった。口から口につたわって、またたく間に、ぼくのコマーシャルみたいになった。ヨット仲間はぼくの顔を見ると、挨拶がわりに呼びかけた。

「そないに、洲本は遠うおまっか?」

まったく、くだらないセリフを人に聞かせたもんだ。このCMは、いまでもぼくにつきまとっている。こいつを持ち出されると、実にヨワい。

乗っているうちに、〈サザン・クロス〉の欠点が目につきはじめた。下は強いのだが、上の

ほうが感心しない。それでも、走ることはよく走った。ヨットというものに、信頼が深まった。人間がキチンとコントロールさえしていれば、相当なことはしてくれる。要は乗り手だと知った。

汽船に勝った！

高松へクルージングにいった帰りだったとおもう。岡山に寄ってから、小豆島《しょうどしま》を経由して、西宮へむかっていた。野間さん、竹内さん、奥井さん、西川さんがいっしょだった。

関西汽船がむこうを走っている。競走してやろうということになった。いくらかシケ気味だったけれど、スピネーカー（パラシュートのようにひらく前帆）を張った。すごく豪勢に走る。ムチャクチャに走った。

——勝った！　勝った！

みんなご満悦だった。関西汽船は、たぶん少なくても九ノット、最高一二、三ノットで走るはずだ。

しかし、ほんとうに勝ったか、どうか？　ぼくは疑問だとおもっている。だって、すぐ横を、ならんで走ったわけではない。むこうのほうを、見えがくれしているのと、なんとなくセッてみたんだ。こっちが先に出たみたいに感じられたときもあった。

どうも、威勢のいい話はだんだん大きくなる。汽船に勝ったエピソードも〈サザン・クロス〉にまつわる伝説として固まった。

ぼくたちはクルージングをくりかえしながら、いろんなレースにも出た。

進水した年は、七月の洲本レースにつづいて、八月、紀伊水道レースに参加した。やはり、西宮がスタートだ。紀伊半島と淡路島がいちばん近づいている友ヶ島水道をぬけて新和歌ノ浦までいく。四〇マイル以上ある。

このときは四位になった。洲本レースでは三位だった。どっちにしても、大した成績じゃない。おもしろくなかった。

レースには、負けがつきものだ。負けるのはシャクである。だから、負ける可能性のあるレーシングは楽しくない。そんな感じかたを、ぼくはした。

このあとも、恒例のレースには出場した。しかし、クルージングが多くなっていった。

ぼくは、そのころ、外国のヨット教科書を、いろいろ読みあさっていた。実技というヤツは、本だけではわからない。が、ありがたいことに、ぼくの周囲には、ベテランがそろっていた。本で仕入れた知識を頭において、先輩たちのセーリングを観察した。

セーリングには、人それぞれに個性がある。みんなちがう。その人らしいやりかたをする。そこがヨットのおもしろさだ。たくさんの先輩を見比べていると、教科書に書いてあることが、よく飲みこめた。

同時に、ぼくは洋上で極端な薄着をすることにした。これは邪道なんだ。寒くないためにも、また無用に日焼けして、疲労を招かないためにも、厚すぎる服装をするのが、ルールである。それを承知の上で、ぼくは非常識な格好をした。もちろん、皮膚をきたえるためだった。

どうも、〈サザン・クロス〉がものたりなくなってきた。というのは、このヨットにはエンジンがついていたからだ。機走でもいい。帆走でもよし。なんだか、中途ハンパな気がした。あるところまでは、セーリングでいく。いい加減なところで、エンジンに切りかえる。あとは、機械という他力本願で、ダダアッと入港してしまう。時間にしばられているサラリーマンなどには、とても都合がいい。しかし、イザとなればエンジンで、という仕掛が、ぼくには鼻についてきた。

——風だけで走るのが、ヨットの本筋やないか。

そんな傲慢なことを考えたのは、ぼくが定職を持っていなかったからかもしれない。

エンジンのないヨットで、単身やるのでなくては、太平洋横断の意味はない。ぼくの気持は熟してきた。

マーメイド号誕生

はじめての告白

三六年六月の第一日曜日だったとおもう。〈サザン・クロス〉は淡路島へクルージングに出かけた。目的地は、岩屋の少し先にある松穂崎ときめた。

午後一時ごろ、明石海峡をむこうにのぞみながら、須磨の沖を通過した。と、間もなく、潮の境目にきた。風はそよとも吹かない。お手あげだ。セーリングをつづけるわけにはいかないので、しかたなくエンジンに切りかえた。スタコラと走る。だが、愉快ではない。

すると、一隻のヨットが漂泊していた。風がないので、おなじ場所でウロウロしている。〈Y21〉（クラス名、二一フィート）だ。寄っていって、声をかけた。

「引っぱってあげましょうか?」

「たのんます」

やせた男だった。横じまのシャツを着て、ツバの広い登山帽みたいなのをかぶっていた。

ぼくはその〈コンパス・ローズ二世〉に乗り移った。

「すみませんな。ぼく、林といいます」

ああ、とおもった。この人なら、名前は知っていた。

前の年の寒いころだった。横浜から、横山晃さんが大阪にこられた。横山さんは日本のヨット・デザイナーとしては、一、二を争う名人だ。すっかり普及してしまった〈シーホース〉も、この人がつくっている。それに、横山さんはつくるだけでなく、ヨットマンとしても一流の人物だった。太平洋横断を計画したこともあると聞いた。

大阪のヨットマンたちが、一夕、横山さんから話を聞く会をひらいた。会場は梅田の〈北京〉だった。ぼくも〝エライさん〟のうしろにつながって出席した。

——横山さんの話なら、どうしても聞いておかんならん。

話題はごく自然に、シングル・ハンドのトランス・オーシャンのことになった。先輩たちの質問がとぎれるのを待って、ぼくもいろんなことを聞いてみた。本心は太平洋横断の計画にあったのだが、しかし、ハッキリはいえない、あたりさわりのないことばで、なにかを引き出そうとした。

その席で、林さんの名前が出たんだ。だれかがいった。

「大阪にも、本気で世界一周を考えている男がおりますよ」

ホウとぼくはその名前を胸にしまった。

——これが、世界一周プランの林なのか。

はじめて見る顔だが、仲よくなれそうな気がした。

「岸和田から出て、播磨灘へぬけるつもりやったんです。ところが、ごらんのとおりでしょう？　あけがたの四時から、もう九時間もここに浮いてたんです」

「明石海峡の先まで、つれてってあげましょう」

〈サザン・クロス〉にひかれながら、ぼくたちは一時間半ぐらい、オシャベリをした。ウマが合った。だいいち、歳が近かった。潮気もタップリありそうだ。話せるなと直感した。

そして、この相手に、とうとうぼくは、はじめての告白をしてしまったんだ。

「来年の四月に、シングル・ハンドで、トランス・パシフィックにいきますわ」

それまでは、人には打ちあけられない心の秘密だった。そんなことを公表すれば、笑われるにきまっていた。止められるのは確実すぎた。

「いつかは、太平洋をわたったる」

親しい先輩には、前からそのぐらいのことは話していた。しかし、ハッキリした計画は、四年間、ひとりでジッと温めてきた。

渡航手続の問題

前の年、三五年の一〇月から、ぼくはトラベル・エージェント（旅行代理店）にアルバイトで勤めていた。吉田さんという三年先輩の人の口ききである。吉田さんの家は〈吉田オート・カンパニー〉といって、〈商船航空サービス〉の下請をしている。ぼくはアルバイトの運転手だった。

ほんとうをいえば、ぼくは知人の紹介で入るのは、気が進まなかった。義理がからむと、手前勝手にやめるわけにいかなくなる。家の仕事にさえ、本気になるのをつつしんだぼくだ。人さまと人間関係ができるのは、好ましくなかった。

しかし、トラベル・エージェントの仕事だということに、ぼくはひかれた。ひそかなねらいがあるからだった。

「チャンと就職するほうが、さきざき有利やないかな？　そういうふうに話したろか？」

そうまでいってくれる吉田さんの好意を、ぼくは心苦しくことわった。

「臨時やといのドライバーいうことに、しといてくれませんか。それから、期限は一か年だけ」

あとで不義理をするよりは、はじめに失礼してしまうほうが、まだしもましだ。そんな条件で、ぼくは〈吉田オート・カンパニー〉の仕事をしていた。

太平洋をわたるについては、セーリングの計画ばかりでなく、渡航手続の問題がある。こっちの研究も、ずっとつづけていた。しかし、日本の法律では、小型ヨットでの出国は許されっこない。いくら調べても、そうだった。

だから、トラベル・エージェントで働けるのは、わたりに舟といってよかった。ここなら、渡航手続は専門だ。あらゆる角度から攻めてみたら、合法的な出国の裏道が見つかるかもしれない。しばられるつらさをこらえてでも、ぼくが〈吉田オート・カンパニー〉に入ったのは、そんな本心からだった。何から何まで知りつくすには、どうしても一年はかかるだろう。そこで、ぼくは一年契約を申し出た。三五年の一〇月からである。三六年の九月いっぱいまでだ。これなら、出かけるまでに、フリーになっていられる。

そのくらいだから、ぼくのプランは、相当なところまで具体的になっていた。夢はカッカと燃える。黙っているから、なお熱してくる。だれかに言いたくて、ムズムズしていた。

〝世界一周の林〟に会ったのは、ちょうど、そんな矢先だったんだ。

——左巻きの気持は、左巻きにならわかってもらえるやろ。

変わり者同士の気安さで、ついにぼくはタブーを破った。それともうひとつ、ぼくがあごをゆるめたのは、林さんの立場のせいもあった。この人には、学生ヨットの経験がない。だから、グループを持っていなかった。ヨットマンとのつきあいから、ポツンと孤立していた。

——この人にならら、話をしておいたかて、よそにもれんやろ。

しかし、キチンと口どめしておかなかったのが、まずかった。

やっぱり、うわさがひろまっていった。それがぼくの耳にもかえってくる。これはいけないと気がついた。他人の口から、また聞きで先輩が知ったら、イヤな気がするだろう。直接、ぼくの口から言っておかなくてはいけない。そう考えて、要所要所を訪ねて、計画を報告した。

使用艇は一九フィートのキング・フィッシャー型、横山晃さんの傑作だ。外洋むきのなかで、いちばん小さくて、いちばん安い優秀艇である。

コースは北まわり。つまり、南洋の島々をつたわる南まわりでなくて、大圏コースだ。

上陸地点はサンフランシスコとする。アメリカの西岸をねらうなら、シアトル、シスコ、ロサンゼルスの三つが考えられる。距離からいえば、シアトルが近く、ロスが遠い。遠いロスは敬遠する。シアトルは近いけれど、バンクーバーから相当に長いあいだ、水路のようなところを通らなくてはならない。この行程に数日かかる。とても危険だ。それに比べると、シスコはゴールデン・ゲートさえくぐれば、そこに港がある。安全性が高い。

おまけに、世界一豪華な橋を、フィニッシュ(ゴール・イン)地点にするのは、なんていったって、ロマンチックで魅力的だ。もうひとつ、大阪人としてみれば、シスコは故郷とシスター・シティー(姉妹都市)になっている。日本ではじめて太平洋をわたった咸臨丸も、ここに着いた。いろいろ考えて、シスコしかないと判断した。

目標は、シスコ北方のポイント・レーヤー(レーヤー岬)。高くそびえている岬で、ねらうのに便利だ。それに、シスコにまっすぐ入るとなると、表にファラロン暗礁がある。これが危い。で、北からすべりこむ。

出発は四月。これはヨットマンの常識である。月うちに、三浦半島のどこかへ入っておいて、五月そうそうのいい日に飛び出す。

だいたい、そんな青写真だった。

しかし、自分からシャベって歩いたのが、かえってよくなかった。話はまたたく間に、知れわたってしまった。気ごころの知れている人たちは別として、みんな、ぼくを変わり者あつかいにした。ぼくは完全に笑いものにされた。

——なにいってやがんだ。いまに見ろ。

ぼくはとり合わなかった。怒りっぽいたちなんだ。

一万円の設計図

七月には、パール・レースがある。紀伊半島とっ先の潮岬がスタートだ。熊野灘をつっ切って、志摩半島まで走る。

「オレ、出るんや。いっしょに乗ってくれへんか?」

林さんから申しこみがあった。うれしかった。

「んな、つれてって」

この人は、すごく意欲的だった。妻子があるとはおもえないほど、ヨットにノボせきっている。いっしょにセーリングするのが楽しかった。

〈サザン・クロス〉の先輩たちから、ぼくはファイティング・スピリットと、へこたれない根性をたたきこまれた。そして、クルーザーともなれば、人間のウェイトなんかそうきかないんだから、風がきついときには、余分な帆をあげるよりは、適当な面積で走らせるほうが、安全だし、能率もいいことを、体得させてもらった。

林さんのセーリングは、だいぶちがっていた。小まめにリーフ（帆を巻いて、面積を縮めること。縮帆《しゅくはん》）をくりかえす。小型艇でのシングル・ハンドをもくろんでいるぼくには、この方法もいい勉強になった。

しかし、林さんと組むと、どういうものか、ろくなことがなかった。二人のペアだと、きまってツキが悪い。

六月の末に、瀬戸内海・家島《いえしま》諸島の西島をねらった。往きはドシャ降りだ。帰りには風が落ちた。大雨で無風である。漁船にひっぱってもらって、三千円とられた。

パール・レースの出発点・潮岬までは、六日あれば回航できる計算だった。レースに参加してから、ぼくたちはそのまま横浜へいくつもりでいた。七月二三日〈コンパス・ローズ〉で西宮を出た。スタートは、二七日だ。が、紀伊水道でシケられた。とてもセーリングはできない。串本でカンづめになっていた。実際には三日しか走れなかった。やっと潮岬に着いたのが二七日である。スタートの時間は過ぎたあとだった。

八月一日に、大阪へ帰った。なか一日おいて三日の朝、東海道線に乗りこんだ。横浜へ横山さんを訪ねなくてはいけない。前に、葉書で予告してあった。たぶん、こう書いたとおもう。

「キング・フィッシャー型で、太平洋横断は可能でしょうか。八月三日に、ご相談にうかがいます」

とうの昔から、キング・フィッシャー型ときめていた。むろん、高い船は買えっこない。もし買えるとしたって、デラックスなヨットは好みに合わなかった。最小限ぎりぎりの艇で、可能性を追求するんでなくては、せっかく太平洋をわたる意味がない。学生たちが、人から金をもらって、電気冷蔵庫つきの豪華艇でトランス・オーシャンをやるプランを立てている、なんて耳にすると、むしずが走る。

横山さんは事務所で待っていてくれた。ぼくはドアのところから、いきなり挨拶ぬきで、

「大阪の堀江です。トランス・パシフィックの相談にきました」

そう叫んだ、と横山さんはいうのだが、ぼくはよく覚えていない。やけに張り切っていたから、ろくにご挨拶しなかったかもしれない。

自分だけのヨットを手に入れることは、太平洋ゆきの第一歩だった。すでに、こまかいプランができあがっていた。金も四十万円ばかりあった。〈サザン・クロス〉ですっかり吐き出してから、二年と数か月がすぎていた。

〈サザン・クロス〉が手に入っていたから、ほとんど金はいらなかった。使おうにも、いつも海の上だ。洋服をつくったって、着るときがない。金をためたい気持は、むろんセッパつまっていたけれど、とくにきゅうくつにしたわけではなかった。

酒も煙草もやらない。我慢したんではなくて、好きになれないんだ。喫茶店へかよう趣味も無縁だ。ガール・フレンドもいなかった。女の子と遊びたいとも、おもったことがない。それに、むこうが相手にしてくれないんだから、論外である。

ただ、ちょっと、気が散りそうになった時期はあった。雑念を払わないと、空気がぬける。ぼくは警戒して、心を整えた。

そんなわけで、四十万という資金は、わりに自然にたまった。少しもムリはしなかった。欲望をカットした覚えなど、ぜんぜんない。ほかの欲望がなかっただけなんだ。

ぼくはその日、横山さんからキング・フィッシャー型の設計図を、買って帰るつもりでいた。だが、ひとこと、デザイナーの口から、キング・フィッシャー型について、保証のことばを聞きたかった。

値段や強度の問題は、簡単にすんだ。ぼくにしたって、たいていのことは研究ずみだった。だから、やってきたんだ。

「可能ですか?」

とぼくは聞いた。

「可能です」

横山さんはアッサリと、

「確率ゼロではありませんね」

それが聞ければ、もういいんだ。ぼくは一万円でキング・フィッシャー型のデザインを買った。

横山さんはこんな話もしてくれた。

「ヨットってのは、靴みたいなものですよ。はいて歩くのは人間ですからね。ヒラリー卿がはいた登山靴だからって、ほかの人がはいてもエベレストへ登れるわけじゃありません。ヨットも、はき手次第です」

いいことばだと感心した。

キング・フィッシャー型は、その年の三月に発表されたばかりの新型艇だ。ぼくで四番目にあたる。

「セール・ナンバーが〈4〉なのは、イヤですね。〈5〉にしていただけませんか」

「それはいいですよ。しかし、あなたらしくありませんね。そんなゴヘイをかつぐとは……」

横山さんが笑った。そうじゃない。あとで売るときのことを計算したんだ。

けっきょく、横山さんは一言も「やめろ」とはいわなかった。いい感じがした。

「あなた、ご家族は?」

そう尋ねたのは奥さんだった。

「両親と、ぼくと妹です」

「じゃ、ひとり息子さんですの。親御さんはご心配でしょう」

「それがいちばんの難儀です」

奥さんは、さすがに、「なるべくなら、およしになったら」といいたそうなお顔だ。これはまあ、しかたがない。

帰りしなに、横山さんが電話で土井さんに紹介してくれた。〈NORC〉の総務委員だ。というよりも、もう二十年間も、太平洋横断のことばかり考えてきたシーマンである。

「早く建造にかかって、冬までにはつくってしまいなさい。そして、西の季節風が吹いている悪コンディションのときに、大島から八丈をまわってくるんだね」

これも、ありがたい忠告だった。太平洋をわたる場合、いちばんの難所は日本近海だ。ひどい状況のときに乗り切っておけば、実績になる。土井さんはそれをいっていた。

わが艇は〝マーメイド〟と命名

その日の夜行で、大阪に帰った。横浜までいけば、東京がすぐそこぐらいはわかっている。ぼくは東京を知らなかった。しかし、この日は、より道する気がおこらない。横浜の街も素通りした。図面をだいて家に直行した。

追いかけて横山さんから手紙がきた。

「いろいろ検討しましたが、マストは原設計よりも一〇パーセント短くしたほうがいいでしょう。トランス・パシフィックには、強度が大切です。おなじ太さで、長さだけを七〇センチ切りつめてください」

さっそく、四つのボート造船所に口をかけて、見積を出してもらった。ハル（艇体）だけで、いちばん高くつけてきたのが、三十四万円だった。常識から見れば、ちっとも高くはない。でも、ぼくの予算では、ハルに二十万円しかとれなかった。二軒がこの希望に応じてくれた。

最低の見積は、小豆島の造船所が出していた。しかし、小豆島では地の利が悪い。せっかくの太平洋用ヨットだ。建造中は、しょっ中、顔を出して、つくり具合を監視しなくてはいけない。まして、飛び切り安く頼むんだ。なおのこと、厳重に目を光らせている必要があった。

そうなると、大阪の造船所しか考えられなかった。一万いくらか高いのをこらえて、二番目に安いところに発注することにした。九月も半ばになっていた。

ぼくは考えたあげく、勝手に設計に手を入れた。それはトランサム（艇尾の板）の部分だった。

建造にかかったと聞いて、親切な友人がいってくれた。

「いるときには、オレのエンジンを貸したるで。いつも、つけとくことはないやろけど、ほしいときに装着でけるように、ブラケットはつくっとけや。エンジンがあると、なんかのとき役に立つわ」

ブラケットとは、エンジンをすえるためのワクみたいなものである。これは簡単にできる。しかし、ぼくはエンジンが肌に合わなかった。風だけで走るのでなくては、ヨット乗りの値打はフイだとおもう。イザ、困ったら、エンジンにたよる。そんなのはきたない。使わないにしても、万一のために積んでおく。その安全弁をつけておく料簡だけでも、イヤらしい。ぼくは、エンジンをつけるのを、いさぎよしとしない意地にとりつかれていた。

で、一計を案じた。まず、トランサムの切りこみをなくして、ふさいでしまった。しかし、これだけでは不十分である。ふさいではあっても、ブラケットをつくれば、またエンジンはつけられる。ぼくはふさいだ上で、しかも、ブラケットをやめにした。

もう、いくらエンジンがほしくなっても、入れる場所がない。とりつけるワクもない。これで、エンジンとは完全に縁が切れた。

えらそうなことをいっていても、いつか弱気をおこして、エンジンをあてにしたくなるかもしれない。万一そうなっても、こうやっておけば、のっけようがなくなっている。それがぼくのねらいだった。

ほとんど毎日、ぼくは造船所へかよった。油断もすきもありやしない。まるでムチャクチャなつくりかただった。いくら安く頼んだにしても、あんまりひどい。よく見ると、すき間だらけだ。雑も雑、良心が感じられなかった。

マストにはラワン材が使われた。これは、金の関係なら、しかたがない。あまりラワンのマストなんて聞いたことがないけれど、まだ我慢できる。尿素の接着剤も、見逃していい。が、無神経なつくりかたは許せなかった。フィン・キールのつけようなんか、ガタピシだった。見るからに、ゆるみそうだ。ぼくは頭にきていた。つきっきりで、いちいち文句をつけた。やたらとゴネた。それでも、ウッカリしていると、設計より重くなっていく。この点だけは必死で監視した。ぼくは総好かんの鼻つまみになった。

にもかかわらず、予算は超過していく。気が気ではなかった。ぼくは経費節約と航海安全のためと、両方をかねて、金具をうちの工場でつくらせたりした。最終的な受け渡しは二十七万円になっていた。

資金ぐりが苦しかった。見るに見かねて、林さんがアイディアを授けてくれた。

林さんが、〈コンパス・ローズ二世〉をつくったとき、ある友人から話があったんだそうだ。その人は敷島紡績に勤めている。

「うちのマークをつけてくれるなら、新しいセール（帆）を寄付してもいいよ」

しかし、林さんはことわった。そんなものをセールにつけていたのでは、レースに出してもらえない。

その話が、まだ生きていた。

「コマーシャルつきでも、きみがイヤでなかったら、もろてきたろか?」

いわれて、ぼくは頼むことにした。林さんが交渉してくれた。間もなく、人魚の印のついたセールが届いた。

「ついでやから、船の名前も〈マーメイド〉(人魚)にしてしまおか?」

ぼくがそういうと、

「それでいいのかい?」

林さんはあきれ顔で、

「ノンビリした人やな」

と笑った。

たいていのヨットマンは、船名にものすごくこる。ああでもない、こうでもないと、苦心サンタンするものである。うっかり、名前に人がケチをつけたりしようもんなら、たいへんなことになる。

ぼくはその点、あんまり執着がなかった。べつに、くれた人に義理を感じたわけではない。どっちみち、近いうちには、人目につかないところへいってしまうんだ。でも、人魚のマークがついている以上は、名前も〈マーメイド〉にしたほうが、手っとり早い。それに、これなら女性名詞で、慣例にも合っていた。

わが艇は〈マーメイド〉ときまった。

ペイントは、ハルが黒で、デッキが白だった。キング・フィッシャー型は、わりにズングリしているが、黒と白に塗り分けると、ちょっとスマートに見えた。

一二月一〇日、〈マーメイド〉号はやっと進水した。即日、ぼくが西宮へ回航した。ハーバーに置いてみると、アラが目立った。恥ずかしかった。

――これで太平洋へいくんだ。

そのうれしさも大きかった。が、それとおなじぐらい、できの悪さへの不満があった。

直後、ぼくはグリーン・セーラー（新米の乗組員）を乗せて、高松へ練習航海に出かけた。中年のオッサンだった。いい人だけれど、セーリングの役には、ぜんぜん立たない。むしろ邪魔になる。でも、そういう人と組むのは、シングル・ハンドのトレーニングには絶好だった。

建造中はほとんど毎日のように造船所に通った。そして、いちいち文句をつけた

周囲の猛反対

サイ銭なしで金毘羅参り

三六年も、暮れに近づいた。ぼくは市内の英語塾にかよって、会話の個人教授を受けはじめた。前から、〈英語に強くなる本〉や〈科学的英会話独習法〉は読んでいた。でも、目で覚えるだけでは、たよりなかった。

もともと、英語の勉強は、あまり得意ではない。興味があるのは、ヨットの専門用語だけだった。部品の名称やセーリング技術についての単語は、懸命にスペルを覚えていた。ほとんど正確に書ける自信があった。といったって、これは趣味だ。

サンフランシスコに着いたとき、まるっきり話せないのでは困る。「コンチワ、サヨナラ」のかたことぐらいは、身につけておかなくてはいけない。でも、個人教授は実にシンドかった。

そのころ、〈マーメイド〉は、西宮と的形《まとかた》と、半々ぐらいのわりですごしていた。的形は兵庫県の姫路にある。遠いのは苦手だが、水のきれいなのがありがたかった。

的形に〈モアナ〉というヨットがいた。ドイツ人の船で、六人ばかりで持っている。この連中が英語をシャべる。ぼくはなるべく近よっていっては、話しかけた。話題は、たいていヨットのことだった。

〈モアナ〉のサイズを尋ねようとしたときだった。レングス（長さ）の発音を、よく知らなかった。Gをぬかして、「レンス」といった。

「ハウ・マッチ・レンス・イズ・ユア・ボート？」

ほんとうなら、わからないところかもしれないのに、むこうはカンで受けとってくれた。

「トゥエンティナイン・フィート」（二九フィート）

本職の英語国民じゃないのが、かえってよかったんだろう。けっこう、よく通じた。まんざらでもないと、いい気持になった。

大晦日に、〈マーメイド〉は〈コンパス・ローズ〉とつれだって、的形を出た。林さんの発案で、金毘羅参りをするためだった。もちろん、金毘羅さんは航海安全の神さまである。が、ぼくには、そんなことはどうでもいい。目的はセーリングにあった。

〈コンパス・ローズ〉には、林さん夫妻とあと三人が乗った。当然、こっちはシングル・ハンドだ。

洋上で元日をむかえて、二日の朝、雪がちらつくなかを、高松に入港した。船をおいて、バスで琴平にむかった。あのベラボーに高い石段を、エッチラオッチラ登った。林さんたちは神妙に拝んでいる。ぼくは拝殿にそっぽをむいて、海を眺めた。

「なんで、拝まへんねん？」

「拝みとうないのや」

そうとしか答えようがなかった。金毘羅さんのご利益は、領海三マイル以内しかきかない、とだれかがいっていた。そんなら、〈マーメイド〉とは関係がない。拝む気がないのに、おサイ銭だけあげるのも、バカらしいが。ぼくはシブチンをした。準備にジャンスカと金のかかる最中だった。

高松港を出ようとしていたら、横においてあったヨットが、アンカー・ロープ（イカリ綱）を切って流れてきた。それがモロに〈マーメイド〉のドテッ腹にぶつかった。ポート（左舷）の窓ガラスが、二枚とも割れた。

「ウワア、天罰テキ面や」

と悲観した。しようがないので、板を買ってきて、インスタント大工で応急処置をほどこした。

しかも、天罰はもっとつづいた。岡山へまわる林さんたちと別れて、ぼくはひとりで東にむかった。的形沖で夜になった。ここは地形がややこしい。灯らしいものもない。ハーバーへの針路をとりちがえて、海水浴場のほうへ入った。

満潮だった。あわててアンカー（イカリ）を打ったけれど、海底は砂だ。いくら引いても、きいてくれない。とうとう砂浜に乗っかって、傾いたまま一夜をあかした。

当時、ぼくは四面楚歌のなかにいた。ぼくの太平洋ゆきは、悪い意味で、もう有名すぎた。ぼくの顔を見るたんびに、

「まだ、太平洋へはいかへんのか？」

とオチョクる意地の悪い男もいた。

「アメリカは、洲本よりちょっと遠おまっせ」

この皮肉も、よく浴びせられた。

「オヤ。いつ、アメリカからお帰りで……？」

ぼくは冷やかしの集中攻撃を受けてばかりいた。

ヨット仲間は、例外なく反対だった。

「いったヤツがおらへんいうことは、できへんさかいやで」

「太平洋は三〇フィート以上のヨットやないと、あかんわ。一九フィートなんて、ムチャクチャや」

「六甲山の岩場で、ロック・クライミングの練習しとるヤツが、いきなりエベレストねらういうたかて、そりゃあかん」

「こんなヤワいつくりの船では、チン（沈没）するにきまっとる」

そして、いろんなことを忠告した。聞くだけは聞いた。しかし、みんな感じだけで、ものを言っている。勉強した上での発言ではない。

五年間も、朝から晩まで、そのことばかり調べてきたぼくからすると、データに立っていなかった。もうだいぶ前から、台風がくるたびに、参考のためにもと、波の具合を見学にいくのが、ぼくの習慣になっていた。

「デパートの倍ぐらいある波が、くるんやで」

「巻き波に乗ったら、いっぺんで巻きこまれるわ」

――そんなら、どうせえいうんや？

そう聞きたかった。みんなのアドバイスをそのとおり採用していたら、軍艦になってしまう。でも、軍艦だって、嵐でチンする場合はある。

ご意見はご意見として、本筋はワン・マンで通す決心をきめた。

「きみはヘソ曲りや」

とあきれる人もいた。

「オレ、ヨットきらいになった」

えらそうにホラを吹くみたいだけれど、ひとつのことをしようとしたら、自分で大きな筋を通して、それに責任を持つしか方法はない．こまかい点では、いくつかまちがいがあるかもしれない。だが、最善ときめた道で、とにかくやりぬく。勝負とは、そんなものじゃないか。ぼくはイコジになっていた。

人はめいめい、いろんなことをいう。それが、てんでんにちがう。あっちの顔も立て、こっちの顔も立て……そんなことをしていたら、人間関係は円満にすむだろうけれど、本筋はおかしなものに変わってしまう。

——ぼくがやるんや！

だれにも助けてもらうまいとおもった。当時のぼくは、ほんとにつきあいにくいイケズだったそうである。

ある夜、ぼくは心斎橋筋に出てみた。裏通りに、貫禄のありそうな易者がいた。ぼくは黙って、その前に立った。

この男が、真実、人の運勢をいいあてられるものなら、顔を見ただけで、ぼくからなにかを感じとるはずだ。なにかいったら、ひとつ見てもらおう。しばらく、ジッとしていた。ヤツはボサッとしているだけだった。

——こら、あかんわ。

ぼくはサッサと見台を離れた。

そのうちに、とんでもない情報が入ってきた。

「堀江は、海上保安監部からマークされとるんやそうな」

そんなアホな、と半信半疑でいたら、こんどは、

「もし出ていったら、野間さんが密告するいうてはる」

ぼくはカッとした。マークされているというデマも、発信者は野間さんにちがいない。野間さんはいちばん強硬な反対論者だ。それにしても、そんなまねまでしなくても、よかりそうなものである。ぼくは本気で恨んだ。

あとでわかったのだが、これは野間さんがわざと流した牽制球であった。ぼくの耳に届くのを計算した上でやった作戦なんだ。その話を聞けば、ぼくもあきらめるだろうと、考えたのだそうだった。

危いことはさせたくない。なんとしてでも断念させよう。これが野間さんの立場だった。ぼくのためをおもってくれる親ごころは、それなりに身にしみた。ありがたかった。しかし、言うことを聞く気にはなれなかった。

竹内さんも心配していた。

「いったらあかんで。ぜったい反対や。そやけど、もし万一、かりにやで、かりに、もしいくんやったら、知らん間に出んといてや。ええか。それはそれとして、ムチャはいかん。やめとき」

デリケートないいかただなと感じた。

奥井さんがあっちこっちをまわっていることも、耳に入ってきた。

「堀江を太平洋のことでからかうのは、やめにしてくれ。黙って、相手にせんとけ。そやないと、アイツかえって反発して、特攻精神でやりかねへん」

地味だけれど心の温い、奥井さんらしいやりかただった。

家族も、ぼくの計画を、前の年にかぎつけていた。むろん、内心は反対にきまっている。両親とも口に出しては、一度も「行くな」とは言わなかったが、行かせたくない気持は、わかりきっていた。猛反対だから、かえって口では言わなかったんだ。何か言えば、逆効果になることを、親はとっくに承知している。黙ってほうっておくのが、いちばん適当な冷却法だと踏んだにちがいなかった。ぜんぜん、話題にしなかった。

――ツベコベ言うんなら、無断で出る。見て見んふりをしてくれるようだったら、知らせてからいく。

ぼくにとっては、もう確定した事実だった。日一日と、出発の日が近づいていた。ただ、そうと人に気づかれずにすんだのは、〈マーメイド〉の小ささのおかげである。一九フィートのキング・フィッシャーは、トランス・オーシャンの練習用だと、だれもが信じこんでいた。この次に、もっと大きいヨットをつくったら、そのとき、ヤツは出ていくんだろう。そうおもわれていたのが、もっけの幸いだった。

暇をつくっては、親類や知人、友だちを訪ねはじめた。もう少しで、しばらくのお別れになる。心残りのないように、また礼を失しないように、会うべき人を選んでは、たんねんにまわった。むろん、さりげなく……。

悲壮な気持ではないんだ。ひょっとすると、永遠の別れに……なんてことは、これっぱかりも考えなかった。ぼくはわりに人恋しいたちだ。当分さよなら。心のなかでそう呼びかけながら、相手の顔をとっくりと見た。

その時分、ぼくはヨット仲間に会うと、

「オレ、ヨットきらいになった」

とPRするようになっていた。

半分は本心なんだ。太平洋のことだけに集中して暮らしていると、楽しみというよりは、仕事もおなじである。気が重く、息苦しかった。そういえば、はじめてからずっと、ぼくはシンから楽しいとおもって、セーリングをしたことがないのにおもいあたった。なんだか、重荷を背負いっぱなしみたいな五年間だった。

出発準備

一時間で一万円値切る

積みこみの段階がきた。一応、搭載物は五〇〇キロまでと計算した。それだけでも、排水量は一トンになる。嵐が予想される長道中に、ヘビー・ウェイトは禁物だ。が、同時に、補給のきかない遠洋航海である。最小限の必需品は欠かすわけにいかない。四〇〇ないし五〇〇キロというのが、両方の要素から割り出した線だった。

といっても、ぼくの準備はあまり計画的じゃなかった。はじめにリストをつくらず、そろえながらアレンジする方法をとった。

四月そうそう、まずセクスタント（六分儀）を買いに、神戸へいった。買物のある林夫人が同行してくれた。〈大丸〉のおむかいに、専門店があった。ぼくの予算は二万円だった。ちょうどその値段の品がおいてあった。が、隣を見ると、イギリス製のセコハンが、デンと鎮座している。マイクロ式だし、目盛が読みいい。ほしくなった。

「これ、なんぼ？」

「三万五千円だす」

「そら、いかん。まからんか？」

「どのくらいに？」

「二万円！」

オヤジが目をむいた。

「テンゴウいわんといて。アホらしゅもない」

本気で怒ったようすで、ぼくの前を離れてしまった。

さあ、しかし、一度いいものを見てしまったもので、どうしてもほしい。だが、予算はかぎられている。恥も外聞も捨てることにした。照れてなんかいられない。

——これ、買うんや。

おもいきめたら、ファイトがわいた。攻めて攻めて、攻めまくった。とうとう、オッサンが弱気を見せはじめた。とっくに、林夫人は逃げ出してしまっている。わが身を鞭うつおもいで肉迫する。たっぷり一時間、ついにオヤジが根負けした。

「えらいお人やなあ。もう堪忍しておくれやす。仕入値段で泣きまひょ」

二万五千円になっていた。一時間で一万円のもうけなら、率は悪くない。にしても、五千円のオーバーだ。だいぶ痛かった。

このセクスタントは、大事に家へ持って帰った。繋留してあるヨットに入れておいて、盗まれでもしたら一大事だ。最後まで積まないことにした。

不便だけれど、天測の練習は家の物干しでやった。前から独学で勉強していたので、わりにピシャッといく。子午線正中時（その地点で、いちばん太陽が高く昇る時刻）に太陽を測り、夜はポラリス（北極星）をねらった。

研究していたのは、楽なほうのシステムだった。米村《よねむら》式などでいくと、簡単にいかない。太平洋上では疲労や頭痛がつきまとうだろう。だから、複雑な計算はムリだ。で、数字のややこしい米村式は敬遠して、簡単な足し算・引き算方式をとった。

イヤミな自慢だが、暗算にはちょっとばかり自信があるんだ。ソロバン塾でも、いくらかはほめられた。だから、プラス・マイナス式は、なおやりよかった。計算は紙を使わないでも、ポロンチョンとできた。

セクスタントの次には、アネロイド・バロメーター（気圧計）を仕入れた。これもセコだ。二千八百円を二千円にたたいた。

炊事に使う石油コンロは、少し前に買ってあった。プレッシャー式（油圧式で安定しない場所でも使いやすい）のラジュースである。上半身がホウロウびきで、下のほうがメッキになっているのを選んだ。潮にあたっても、さびないためだ。洋上では、これがたったひとつの燃料具になる。ブッケ本番では心もとないから、うちで使いならしていた。

双眼鏡はやめにした。そう必要もないだろう。

四月半ばに、ディレクション・ファインダー（ビーコン＝無線方向探知器）を買った。これはうんと高い。しかも、適当な中古品がなかった。値切るわけにはいかない。

積むか、積まないかで、ずいぶん迷ったのだ。よっぽど、なしにしようかとおもった。太平洋へ出てしまえば、大していらない計器である。だが、問題は伊豆七島だった。

沿岸航路なら、陸が見える。地測ができる。でも、外海を八丈島へむかうとなると、ビーコンがないかぎり天文航法に近くなる。潮岬から八丈までは二〇〇マイルある。道中は黒潮がきつい。とんでもない方向に流される公算が大きい。おまけに、八丈の付近は暗礁の本場である。いつ、のしあげるかわからない。

この難所を無事に通過するためには、どうしても方探がほしかった。これさえあれば、各地の局からの電波をつかまえて、安全なコースに乗っていける。泣きの涙で、五万七千円を投げ出した。

ほかに、夜、眠っているあいだに、よその船にひっかけられやしまいかという恐怖があった。シケとは戦えばいい。が、睡眠中にボカンとやられて、気がついたら海のなか……これは困る。真剣に、リフレクター（反射盤）のことを考えた。

アルミ箔をはったテトロン地でも役に立つ。輪にした金網でもいい。いろいろ工夫したが、よほど大きくないと、ききめがなさそうなので、けっきょく断念した。汽船のレーダーがこっちをキャッチしてくれるのを、信頼したわけである。

マストのスペアーも考えた。でも、これは積めるはずがない。ティラー（舵棒）だけは予備をあつらえた。

信号紅煙も、すすめてくれる人があった。SOSを求めるための発煙筒だ。ぼくは即座にカットした。そんなちっぽけな花火みたいなもんは、一〇マイル以内にだれかがいるときにしか、見つけてもらえない。とすれば、ぼくの場合は、なくてもおんなじだ。

最小限のものを、最大限に活用する。これがぼくの考え方だった。いや、ぼくだけにかぎるまい。ギリギリの装備で、可能性を追求する〈JOG〉（ジュニア・オフショア・グループ＝小型の外洋クルーザーの総称）では、ひとつの品物を、いくつもの目的に使わなくては、値打ちがない。

単独行には、どうしても日めくりがいる。ぼくはいくらか大きいめで、一枚ごとに格言が書いてあるのを仕入れた。見やすくて、ハナもかめて、コンロのたきつけにも使えて、おまけに、励ましにもなる。つまり、積んである品だけで、万能でなくてはいけなかった。（搭載品の目録は別項・八四頁〜）

四月の末から、ボツボツ積みこみにかかった。ほんとうは、四月じゅうに出る予定だった。しかし、いろいろと身辺の雑事があって、月うちのスタートは望めなくなっていた。とにかく、からだがあいたら、その日にでも飛び出せるように、待機のかまえに入っていなくてはならなかった。

日本はまだ鎖国や

第一回目の積みこみは、四月の二七日か、二八日だとおもう。暗くなってから、トヨペットを運転して、ひとりで西宮のハーバーへいった。もう、だれもいなかった。そうでなくては困るんだ。こんなところでまごまごしているのを見つかったら、せっかくの出発に邪魔が入るかもしれない。

長年のおなじみで、親類みたいになっている屋台のオバサンに手つだってもらって、テンダーをおろした。

もう、このころになると、ぼくはほとんど仲間たちと会わなくなっていた。こうなった以上、いまさらお説教を聞かされるのは、不愉快だった。すべてをひとりでやりとげたかった。

一日おいて、また、ひそかにいった。この二回で、計器や生もの以外のたいていの荷物が、〈マーメイド〉の腹に納まった。次のときに、虎の子の計器類を運び、残りは出発の当日に持っていく。あとは、きっかけを待つばかりになった。

ふしぎなもので、ここまでくると、クソ度胸がきまっていた。実は、最後まで吹っ切れない心配ごとがあった。いうまでもなく、合法的な出国手続をとっていないうしろ暗さだった。〈商船航空サービス〉の仕事は、二月いっぱいで終っていた。前年の一〇月までのはずだったのが、四か月も延びた。でも、聞いて聞いて、聞きまくったあげく、もうこのトラベル・エージェントからは、うまい知恵を引き出せないことがわかった。

パスポートだけなら、なんとかとれないこともなさそうだった。渡航には、業務渡航と一般渡航とがある、表むきは、そのどっちにも、ぼくはあてはまらない。が、実際には、何かの名目で、どちらかの肩書をこしらえて、出ていった〝エライさん〟が、ザラにいる。

しかし、残念なことに、ぼくは無名の一青年だ。顔をきかすわけにはいかなかった。だから、大物政治家に頼んで運動してもらおうと、走りまわってもみた。が、相談しようとするたんびに窓口が変わる。電話をかけてもそうだった。ぼくは毎度、おなじ説明をくりかえさなくてはならなかった。あげくは、

「ただいま、ご出張中だから……」

「選挙中じゃないか。先生はそれどころではないんだ」

「目下、ナントカ会のお仕事で……」

まったく、どうにもならない。

よっぽど、東京までいって、玄関ですわりこみをしてやろうかともおもった。だが、ぼくにはその時間がなかった。

パスポートさえとれれば、外貨ももらえるのに、と歯ぎしりした。でも、まだ先がある。運賃と渡航費がもらえれば、そのワク以内なら、どんな交通機関でいこうと、ちっともさしつかえはない。ただし、ヨットを除けば、の話だ。

飛行機なら空港、汽船なら波止場に、出入国管理庁の出店がおいてある。日本を離れるときには、そこのお役人が、出国したことを証明するハンコを、ポンとつく。この出国スタンプがないかぎり、「オイ、ちょっと待て」になる。

ところが、小型ヨットの場合には、そういう出口がないのである。前例がなかった。だから、ルールがない。申し込みようがないんだ。申し込む相手がいないんだから……。

変則の形でもいいから、念のために申請してみようと工夫はした。でも、相手は官庁だ。一度、なんかの形で申請して、アウトになったとする。と、こんどほかのスタイルで持っていっても、OKになる見こみはゼロである。いったんアウトだといわれれば、ずっとアウトだ。それなら、下手に申請して、アウトを決定的にしてしまわないほうが、あとに望みが残る。

そう考えて、出発直前まで、手をつくしてみた。知りえたのは、八方ふさがりという一事だった。

——チキショウメ！　なにが日本は海洋国や。鎖国しとるやないか！

ぼくは憤慨した。

——そんなら、しかたない。もう待てへんわい。ウジウジしてたら、来年になってしまう。

ついに、ぼくは強制送還になる覚悟をきめた。そのかわり、途中ではつかまってやらないことにした。逮捕はシスコで、と自分にいいきかせた。

ぼくは竹内さんを訪ねた。この人はＯＢ会の総務をしている。どうしたって、ひとこと耳に入れておかなくてはいけない。

「いよいよ、近いうちに出ます」

スタートするときには報告するというのが、前からの約束でもあった。

「しゃないな」（大阪弁。しょうがないな）

竹内さんは、わりにハッキリした声で答えた。

「それで、我慢できる自信がついたんか？」

ひとりっきりで太平洋をわたるさびしさに、たえられるか、という意味だった。この話題については、もうずいぶん語り合ったものだ。

たしかに、ぼくはさびしがりん坊である。生まれ落ちてから、一日だって、ひとり暮らしをしたことがない。それが、何か月も孤独ですごすというんだ。

心理学の大学生が、前に断言した。

「いかれへん」

ぼくもそのことは不安だった。しかし、行くからには、シングル・ハンドでなくてはイヤなんだ。せっかくの航海で、人間臭いトラブルを味わうのは、おことわりにしたい。それでなくても、人に気を使うのは疲れる。好き勝手に、自分のペースでセーリングしたかった。

それに二人でわたったのでは、値打が減る。

とはいっても、やっぱり、さびしさへの気がかりは残っていた。だのに、改めて竹内さんに聞かれて、

「自信つきました」

とぼくは答えた。

「ヤセ我慢やないんか?」

「そやないおもいますねん」

そういいながら、ぼくは自分の変化に驚いていた。

「な、竹内さん。何十日も、だれもおらんところを走っていて、さびしいないいうこと、ぜったいありまへんやろ? さびしいにきまってますがな」

どの程度に、そのさびしさが苦しいかを、あれこれと取り越し苦労してきたはずなのに、さびしいのはあたりまえと考えたら、気が軽くなったらしい。せっぱつまった強みだったんかしら。


「たぶん、旅行してますわ」

とうとう、五月に入ってしまった。一日だったろうか。竹内さんがきてくれた。

「九日の例会のあとで、きみの歓送会をやるからな。からだあけとけよ」

五月九日に関大ＯＢセーリング・クラブの例会が開かれるのは、ぼくも知っていた。

「ちょっと待ってください」

といってから、しばらく考えた。

「なんや？」

ことばをさがしながら、ぼくは答えた。

「そのころ、たぶん、旅行してますわ」

それまでには出発する気でいたんだ。竹内さんはおかしそうに笑って、

「ま、いたら出や」

とだけいって、帰った。

そのあとで、竹内さんが会員に発送した印刷物には、例会の通知の末尾に、

「近いうちに、堀江くんが単身でどこかへセーリングに行くようです。ついては、まんざら知らない仲でもありません。当日、席をかえて、歓送の宴を張ってあげようとおもいます」

ペンでそう書きこんであった。見せられて、ぼくはクサった。これはまずい。ぼくが単身でどこかへ行くといえば、みんなピンとくるにきまっている。これは徹底的にカムフラージュしなくてはいけないとおもった。

九日の例会の席では、やっぱり、一悶着あったそうである。むろん、高校ＯＢのぼくは出

席していない。また聞きで知った。

「竹内さん。この堀江くんウンヌンの件は、いったい、どういうことですねん？　ＯＢクラブとして、正式に彼を歓送するのは、筋がちがいませんか？」

もっともな意見だったろう。たしかに、ＯＢ会という公式の立場で、ぼくを壮行するのはおかしい。ぼくが非合法で出かけていくことは、みんなが知っている。承知して歓送すれば、ＯＢ会全体がそそのかした格好になる。それでは困るという人がいても、あたりまえだ。あとで聞いて、ぼくもそう感じた。

竹内さんがあわてて、陳弁これつとめたらしい。

「ご説のとおりや。ＯＢ会の例会と、堀江の壮行会は、ぜんぜんべつもんです。案内状は二つ印刷すべきやった。つい忙しいのと、知らせる相手が重なってるもんやさかい、無精をしたのは、ぼくの手落ちですわ」

それでも、ぼくが〈天山〉（料亭）で待っていたら、十四人もが集まってくれた。例会のメンバーは二十四、五人だから、半分よりも多かった。内心うれしくはあった。でも、困るんだ。

案のじょう、だれもいまさら、「どこへいくんや？」と尋ねようとはしなかった。

ぼくの会というので、挨拶をさせられた。しかたなく、こんなことをシャベった。

「一か月ぐらい、船を西のほうへ持っていって、セーリングの研究をしようとおもてます。

それから、帰りに姫路でドック入りして、ケツを洗うつもりです。そのあと、うまく準備ができたら、出るかもしれません」

苦しい口上だった。「太平洋へは行きません」といったって、信用してはもらえない。せめて、出発が迫っていることだけでも、かくしたかった。積みこみもすんでいるのに、ウソをつくのは気がひけた。

しかし、ウソも案外ききめがある。納得した人も多いようだった。それにしても、奥井さんまでがひっかかったのには、冷汗をかいた。この人までだます気はなかったんだ。

「そんなら、堀江くん、オレも乗ろうかな。いっしょに行かへんか?」

たぶん、奥井さんは、ぼくがコッソリ姫路から出発する、と読んだのだろう。的形までいっしょに行っておいてから、スタートを断念させる最後の説得を、大々的にブツつもりと知れた。すまない気がした。

いよいよ明日出港

一日おいて五月一一日、夜になってから、コッソリ西宮の浜へ行った。このときの荷物は、ぼくの虎の子だった。大事な大事な航海器具類である。ディレクション・ファインダー、コンパス(羅針盤)、セクスタント、アネロイド・バロメーター……出発ギリギリまで、積みこみを見合わせていた貴重品が、ハーバーへ運ばれていった。

前から、計器類の搭載は、スタートの前夜ときめてあった。当日、明るいなかを持ち歩くのは、避けなくてはいけなかった。といって、いく晩も〈マーメイド〉においておくのも心配だった。ひと晩だけ、キャビンで寝てもらおう。そう予定していた。

帰りに、竹内さんを訪ねた。ちょうど家の前に立って、運転手さんとなにか話をしていられるところだった。いきなり、スーッとそばへ寄っていって、耳うちをした。

「すんまへんけど、二人だけになりたいんです」

「ン?」

ぼくの顔を見かえすと、すぐに、

「それは、それでよろしい。なら、きみはもうええわ。ぼく、この男と話あるよってに」

運転手さんは帰っていった。

「なんや?」

「あすの夕方、五時に出ますわ」

小さい声で告げた。竹内さんはうなずいて、

「どうしても行きたいもんは、行かせるしかないな」

シブく答えた。

「おもいたったら、えらい急やな」

「土曜でっさかいな。紀伊水道は日曜日になりますやろ？　日曜やったら、あのへんは、ヨットがゴロゴロしてますがな。怪しまれずに行けますわ」

「こすいやッちゃ」

と竹内さんは苦笑いした。

実は、もう気が気ではなくなっていた。スタート予定は四月じゅうだった。十日以上も遅れている。三浦半島にいったん入っておいてとか、横浜に寄ってからとか、そんな余裕はなくなっていた。

紀伊水道をぬけたら、潮岬から八丈島に直行して、すぐ三陸沖をねらわなくてはダメだ。

これだけは、と予定していた防虫用の船底塗料も、ぬっている暇はない。ふつうのペイントだと、どうしても船底にカキや藻がつく。これがスピードを落とす。二、三日もあればやれるのだが、それが待てなかった。

ベーン・ラダー（風圧板で風を受けて、自動的に一定の角度をとる舵）を完成する時間も惜しい。せっかく頼んだのに、つくりが雑で、回転が固いんだ。少しぐらいの風では、まわってくれなかった。ぜひにもとおもっていたが、こうなっては切り捨てるしか手がない。

遅れれば遅れるだけ、日一日と気象は急速に悪くなる。すでに、一日が問題になりかかっていた。ウッカリしていると、計画を一年延期させられることになりかねなかった。

わが愛犬ルミー（コリー種のメス）のおなかも気になる。あと数日でお産だろう。初産を見届けてやればいいんだが……。それも待っていられない。洋上から彼女の安産を祈るとしよう。

林さんにも、直接会って、「行ってきます」は言えない。あしたは、彼もセーリングの最中だ。でも、早い目に、お別れの食事会をやっておいてよかった。

けっきょく、おもい残すことは、ひとつもなかった。きめたからには、やるだけだ。

五年間、そのことばかりに熱中してきた太平洋横断のプロローグが、あすに迫っていた。太平洋の風が、波が、空が、頭のなかでカラー写真のように浮かんだ。いつの間にか、気象や潮流などのことも、自分なりに身についていた。ゴールデン・ゲートのシルエットも、瞼の裏にある。目標ときめたポイント・レーヤーの見取図も、いつか見た景色みたいに、イメージが固まっていた。

こっちにいて、知ることができるかぎりは、ほとんどむさぼりつくした。それがどこまで、当たっているものか？ あとは、実際にぶつかるだけだ。

搭載品

型破りの水計算

搭載品のなかで、いちばん知恵をしぼったのが飲料水（清水）の分量だった。これはトランス・オーシャンに出るものとしては、あたりまえである。が、ぜんぶの準備のなかで、ぼくがもっとも型破りをやらかしたのも、水の計算であった。

あとで、ぼくの積みこみ量を知って、

「もし事前に、そんなことと知っていたら、取っ組みあいをしてでも、出発を阻止したね」

と、あきれた先輩がたくさんいた。

たとえば、横浜へ訪ねたあとで、横山さんが手紙でしてくださったアドバイスでは、一日平均が最低一・八リットル。百日として、一八〇リットルと指定してあった。

横山さんがはじいてくれたソロバンは、こうなっていた。一日に飯を四合たく。ミソ汁が二杯。飲料として二合。これで合計消費量は一・八リットルになる。むろん、洗面その他のぶんはふくまれない。ムリをしない最低生活には、どうしてもそのくらいいる、と。

ぼくもプランニングのごく初期には、一日二リットルとおもっていた。

法規によると、大洋航海に従事する場合は、一日四リットルを保有していなくてはならないことになっている。しかし、これは業者がお客さんを乗せるときの話だ。当然、シロウトさんが快適な生活を楽しめるレベルを示している。健康管理や人権問題なども、考えてあるだろう。とすれば、こっちのケースとは関係がない。ぼくはそう判断した。

その証拠に、漁船だと二リットルという線が引かれている。四リットルと二リットル。ちがいすぎる。ということは、四リットルがすごくぜいたくな見積だからじゃないか?

さらに、漁船のケースだけれど、これだって、経営者が使用人をやとってする航海だ。やっぱり、責任という要素が入っている。純粋に、生理的な必要量だけをさしているとは考えられなかった。ぼくは、はじめ信じていた二リットル説をカットした。

ぼくは好き勝手に、太平洋へ出て行くんだ。しかも、ひとりで……。だから、飲みたいほうだい、飲料水をもらえないからといって、降りてしまうヤツもいなければ、反乱をおこされる気づかいもない。生きてセーリングができれば、それで十分だ。

おまけに、調べていくうちに、もっと内輪な数字も見つかった。それは、ライフ・ボート(救命艇)の場合だった。最低一リットルと規定してある。もちろん、これは緊急非常のときの保有量だ。にしても、生きていけるためのひとつのメドにはちがいなかった。

こうして、計画の中期には、一リットルでいこうと考えなおしていた。

だが、これでも、まだ多すぎた。〈マーメイド〉は六メートルたらずの小艇だ。自重《じじゅう》こみで、排水量が一トンを超えたのでは、沈みすぎる。ケツをひきずって走らなくてはいけない。重くて船足は出ないし、荒天になったらセーリングしにくい。なるべく、身を軽くしておく必要があった。

ぼくは〈実験漂流記〉を、たんねんに読みかえした。

アラン・ボンボワールは、飲料水を使わないで、大西洋をわたっている。一日に〇・八リットルの海水で間に合わせた。イザというときには、魚をつかまえてしぼれば、水分がとれるとさえいっている。

そこでぼくは考えた。

――水ってのは、なにも清水でなくてもいいんだ。

人体には、水が不可欠だ。が、それは、飲料水がのどを通らなくてはならないという意味ではない。からだのなかに、必要なだけの水分が入れば、それでいい。大切なのは、水そのものじゃなくて、水分なんではあるまいか。

とすれば、ビールもワインも、フルーツのカンづめも、みんな水分だった。そんなら、水分だけしかない清水よりは、ほかの成分をふくんでいる水分を持っていくほうが、健康にもいいし、ウェイトも軽くできる。

最悪の場合には、海水で飯をたき、水分はビール、コーラ、カンづめで補えば、やっていけるだろう。その確信が持てた。それに、ぼくはもともと、航海中は一滴も生水を飲まないことにしていた。腹こわしがいちばんこわいからだった。

ぼくはこうも想像した。アラン・ボンボワールは大男の外人だ。風袋《ふうたい》がデカいから、水分もうんといるだろう。からだの表面積もひろい。当然、汗もたくさんかくにきまっている。

その彼が一日に〇・八リットルの水分で暮らせたのだ。とすれば……？　ぼくはかれの半分しかない小男だ。しかも、キャビン（船室）つきのヨットに乗っていく。ボンボワールはフタのないゴム・ボートだった。こう比べていくと、ぼくなら、日に〇・四リットルでも生きられそうにおもわれた。

とはいうが、以上は紙の上の算術である。ボンボワールは医者として、最低生活の人体実験をしたんだ。航海が目的ではない。ぼくは自然と戦うナビゲーションだ。そこがちがう。

ぼくには、彼のまねをするつもりはなかった。そんな無理をして、セーリングをいい加減なものにするのは、バカげている。しかし、水の計算をするにあたって、気持の底には、かれが記録してくれた可能性が、ベースになっていた。

けっきょく、ぼくが積みこんだ飲料水は、ぜんぶで六八リットルだった。航海日数は百二十日までと見こんだ。一日あたりにすると、〇・五六リットルにしかならない。横山さんが忠告してくださった分量の三分の一以下だった。（サンフランシスコに到着したとき、〈マーメイド〉は一〇リットルの清水を残していた）

清水六八リットルという総搭載量を、はじきだすについては、予想行程がベースになっていた。

太平洋は、北まわりのコースだと、直線距離で五三〇〇マイルと少しある。しかし、これはコースの上を、そっくりそのまま、なぞったときの話だ。ヨットにはそんな進みかたはできない。風によって、ななめにいったり、横走りしたりしながら、こまかいジグザクをくりかえす。

そこで、ヨットの走行距離は、直線コースよりも三割ぐらい長くなる。つまり、サンフランシスコまでは七〇〇〇マイルに近い。

〈マーメイド〉は、トップ・コンディションなら、日に一〇〇マイルは走る。が、いつもそうはいかない。計算では船速六ノットだが、長い期間を平均すると、二ノットか、せいぜいが三ノットどまりぐらいになるだろう。

割り算をすると、最低二か月、最高四か月という所要日数が出た。プランは最悪のケースにあてはめて立てる。これはいうまでもない。

ぼくはいろいろ考えて、清水は一日〇・五リットルと結論を出していた。これは、水分をふくんだ飲食物を別にした、いわゆる水だけの量である。ほかのものからとる水気とプラスすると、一リットルをオーバーするはずであった。清水を日に一リットルという算定が、水分一リットルに変わっていた。

〇・五リットルを百二十倍した。答は六〇リットルと出た。実際に六八リットル積んだのは、容器の関係だった。八リットルはおまけである。

ぼくは、これで十分やっていけると信じていた。これだけでも、といったほうが正しいかもしれない。つまり、それきりしか使えないはずがないと、確信していた。それは雨のことだった。

ぼくが調べたところによると、この季節、このコースを行って、雨に遭わないはずは、ぜったいになかった。降ったら、バケツにためればいい。煮沸すれば、りっぱな清水になる。フォッグ（霧）だって、水のもとである。行程の前半では、すごいフォッグにぶつかるのがわかっていた。セールからポタポタ落ちるはずだ。これなら、もっとためやすい。

状況さえよければ、日に一〇リットルやそこらは、現地調達できる。ぼくはそれを疑わなかった。といっても、天変地異がおこって、雨に恵まれないケースもあるかもしれない。雨水を予定に入れるのは危いとおもった。

降ったらもうけものだ。大いに活用させてもらおう。降らなかったら、積んであるぶんでまかなう。ぼくの水への考え方は、そんなふうだった。

キング・フィッシャーは、スタビリティー（復元力）が売りものになっていた。つまり、オキアガリコボシだ。傾いても、もとにもどれる角度が一三〇度である。ま横に寝ころがれば九〇度。だから、キング・フィッシャーは、裏がえしになっても、ちゃんとおきあがれるわけだった。

しかし、それも、適当な重量を、正規の場所に、固定して積んだ場合にかぎる。ひどいシケのために、ヨットが大傾斜して、荷物が天井に集まってしまったら、これは、もうもどってくれない。搭載物は、下へ下へと入れて、どんなにヒール（傾斜）しても、大部分のウェイトが移動しないようにする必要があった。

ぼくは、まず、コックピット（操舵席）の底に、ビールなどの重いものを入れて、それに米の袋を重ねた。

が、それはともかく、〈マーメイド〉の財産目録のすべてを、ご紹介しておこう。

リグ

〈メイン・セール〉（主帆）
七・七平方メートル　一枚
〈ストーム・ジブ〉（荒天用の小さい前帆）
二・六平方メートル　一枚
〈クルージング・ジブ〉（ふつうの前帆）

四・六二平方メートル　一枚
〈トライスル〉（主帆のかわりに張る小さい三角帆）
二・四八平方メートル　一枚
〈ツイン・ステースル〉（二枚で一組になっている前帆）
四・八平方メートル　二枚

航海用具

〈コンパス〉（羅針盤）　一台　以前からの手持。

〈セクスタント〉（六分儀）　一台　英国製の中古品。新調。

〈セクスタント用電池〉　六本　単三。装着してあるもの二、ほかに予備が四本。

〈アネロイド・バロメーター〉（気圧計）　一台　国産中古品。新調。

〈ディレクション・ファインダー〉（ビーコン＝無線方向探知器）　一台　国産新品。新調。

〈ディレクション・ファインダー用電池〉　一二本　単一。装填ぶん六。スペア六。

〈トランジスター・ラジオ〉　一台　国産。三バンド。手持。

〈トランジスター・ラジオ用電池〉　七本　単三。装着してあったもの三。ほかに四。

〈懐中電灯〉　三本　市販の普通品。

〈懐中電灯用電池〉　四〇本　単一。

〈ランプ〉　四基。
〈灯油〉　四〇リットル　燃料、灯火用、計器用を兼ねる。
〈ライフ・ジャケット〉（救命胴衣）　一セット　オレンジ色の並製品。手持。マクラと兼用。
〈バケツ〉　六個　ビニール製。大二。中四。大は水ため用。中はアカ（浸水）出しと便器用。むろん、取っ手に目印のヒモあり。
〈チャート〉（海図）　一二枚　六五×五〇センチのもの。手持。
　内訳　　太平洋総図　　一種
　　　　　米国西海岸　　二種
　　　　　シスコ港内外　一種
　　　　　　以上はアメリカ製。日木郵船チャート・デパートで入手。
　　　　　日本近海　　一七種
〈天測略暦〉　一冊　海上保安庁水路部発行。手持。
〈星座表〉　一冊　手持。
〈天測計算表〉　一冊　手持。
〈簡易天測表〉　三冊　手持。
〈ビーコン各局の発信周波数ノート〉　一冊　調査して書きこんだ手製のノート。

〈オイル・スキン〉　上下一組　ゴムびきの防水服。フードつき。手持。
〈ゴム長〉　一足　やや短かめの品。足をぬらさないため。疲労防止の意味。手持。

衣料品

〈ストローハット〉　五個　防暑ならびに日焼け止め用。疲労よけのため。実用的な安価品。アゴひもをつけるのが嫌いなので、海に飛ばすことを予想して、たくさん持った。
〈野球帽〉　一個　キャビン用。ゆれて、頭をぶつけても、怪我を軽くするねらい。手持。
〈防寒ジャンパー〉　一着　裏に毛皮のついた米兵用。大型。手持。
〈ジャンパーならびにスポーツ・シャツ〉　一五枚　長ソデがほとんど。大部分は手持。
〈ズボン〉　五枚　いわゆるジーパンばかり。洗いざらしの手持。ほんとうなら、あまりほそいズボンは、海に落ちたときに収縮して、脚の筋肉を圧迫する恐れがあるから、よくない。しかし、新調はムダなので……。
〈セーター〉　七枚　毛糸であんだもの。むろん防寒用。手持。
〈腹巻〉　一枚　やはり毛糸の品。新調。いままで使ったことなし。とくに、洋上で腹を冷やさない用心に買った。
〈アンダーシャツ〉　六〇枚　メリヤスの並製品。長ソデのほうがやや多い。少しずつ買いためておいた。

〈ももひき〉　七枚　メリヤスの長いズボン下。手持。
〈ランニング・シャツ〉　三枚　大して着ないはずだから、少しにした。手持。
〈さるまた〉　八〇枚　はき捨てるつもり。少しずつ、安物を買いこんでいた。
〈海水パンツ〉　二枚　船底の手入れをするときの準備に……。
〈手袋〉　一二足　軍手。作業用。半分は新調。
〈マフラー〉　三本　毛製品。防寒用。一本は新調。
〈ベルト〉　三本　二本は予備。海に落としたら、あとが困る。スペアが必要。手持。
〈靴下〉　一〇足　あまり利用価値なし。手持。
〈足袋〉　六足　黒の木綿。作業用。いつもゴム草履で働くから……。
〈ゴム草履〉　二足　船上では常用のはきもの。
〈靴〉　一足　黒の短靴。

食糧

〈米〉　三斗　一日に二合半として、一二〇日分。いくらか余分に積んだ。胚芽米。あつかいやすいように、一升ずつビニールの袋に入れた。
〈パン〉　三〇個　小型のフランス・パン。出発当初用。近海では荒天が予想されるから、炊事の労力をはぶくつもり。

〈にぎり飯〉　三食　スタート直後用。
〈クラッカー〉　五箱　ランチ・クラッカーという品。
〈乾パン〉　六包　前から積んであった。
〈ハム〉　五キロ　大きいままでなくて、小さく切って包んであるのを多数。ひとつに手をつけても、ほかのには影響がないから……。そうすれば、いたむのを防げる。
〈ソーセージ〉　二キロ　ハムとおなじ意味で、ウインナーの小袋をたくさん。
〈バター〉　二・五ポンド　いい品物を買った。
〈粉ミルク〉　一箱　コンデンス・ミルクがほしかったが、かわりに。
〈カンづめ〉　計二七六個　命の綱。なん回も考えて、リストをつくりなおした。
コンビーフ　二ダース
ビーフ、牛肉の大和煮、ポーク・アンド・ビーンズ、インスタント・カレー、クジラ、鶏の野菜煮、サケ、サケとタケノコ、マグロ、サバ、カツオ、オイル・サーディン、タコ　各一ダース
パイナップル、オレンジ　計八ダース
これは一日に一カンずつ食べる予定。水分補給のため。
〈ラッキョウ〉　二ビン
〈焼きノリ〉　四カン

それ以外の水分

〈ビール〉　五ダース　小ビンとカン入りを三〇本ずつ。アルコールが好きだからではない。あくまでも水分のつもり。好きでないから、たくさんは飲めない。自然に、暴飲をおさえられるのがねらい。ムリせずに、水分が節約できる。ぼくなりの克己術。

〈ウイスキー〉　四本　角ビン一。丸ビン二。以上は購入。ほかに、プレゼントされたポケットビン一。意味はビールとおなじ。

〈テーブル・ワイン〉　四本

〈コーラ飲料〉　五〇本　これは甘いから好物。一カートン買いこんだ。

調味料

〈塩〉大袋一　〈ミソ〉カン入り一〇　〈即席ミソ汁〉五〇食　〈醤油〉六合　〈ソース〉小ビン二　〈ケチャップ〉中ビン一　〈マヨネーズ〉大ビン一　〈サラダ・オイル〉二合　〈角砂糖〉五箱　〈化学調味料〉中袋一　〈胡椒〉一ビン

嗜好品

〈チューインガム〉一〇包　いつまでも口のなかにあって、長持ちするのがいい。　〈チヨコレート〉一〇枚　〈キャンデー〉一〇袋　〈クッキーズ〉大袋三　〈即席生クリーム〉二カン　〈リプトン紅茶〉一カン　〈ネスカフェ〉小ビン三　〈緑茶〉一袋

台所用品

〈石油コンロ〉　一台　プレッシャー式ラジュース。手持。

〈飯ゴウ〉　二個

〈フライパン〉　一枚

〈片手なべ〉　一個　フライパンの深いのに、取っ手がついているみたいなヤツ。あつかいやすいとおもった。新調。

〈ヤカン〉　一個　オルゴール・ケトル。わくと音がする。ほかの仕事をしていても、わいたのがわかる。新調。

〈クッキング・ホイル〉　二巻　シートになって、グルグル巻いてあるアルミ箔。コンビーフを温めるのが、もっぱらの目的。

〈魔法ビン〉　一個　なん回も火を使うのは、面倒くさいから……。手持。

〈カン切り〉　六個　ともかく必需品。大半を新調。

〈瀬戸もの食器〉　プラスティックの食器は、口あたりが悪い。ムードがなくて、食欲が出ない。もともと、クルージング中は、食べることに積極的でない。トランス・オーシャンはそれでは困る。なるべく感じのいい食器を、家の台所から物色した。そのかわり、鄭重にあつかうつもり。さしあたっていらないものは、紙で包んで、ギャレー（炊事台）の下へさしこむことにした。茶ワン二個、大きな洋皿二枚、汁ワン二個、コーヒー・カップと受け皿一組。

〈計量カップ〉　二個

〈ウイスキー・グラス〉　二個　ウイスキーを買ったときに、ついていた。

〈スプーン〉　五本　大きさは各種。いちばんデカいのは、シャモジ、シャクシの代用。家から……。

〈フォーク〉　六本　大を三、小を三。家から……。

〈箸〉　一にぎり　雑煮用の箸。家から……。

〈庖丁〉　一丁

〈まな板〉　一枚　ふつうの大きさ。積んであったヤツ。

〈茶こし〉　三個　緑茶用一。紅茶用一。スペアー一。

〈マッチ〉　六〇箱　喫茶店の宣伝用みたいに薄いのではなく、台所用のゴツい箱。購入。

医療品

〈盲腸炎どめ抗生物資〉　一クール　これをおこしては一大事。六時間おきに三日飲めば散るという錠剤を、まず買った。
〈ビタミンC剤〉　一ビン　植物性の食べものが少ないので……。
〈胃腸薬〉　一ビン
〈頭痛薬〉　一カン
〈船酔いどめ〉　三シート　胃腸によくないから、なるべく飲まない予定。
〈目薬〉　二ビン　〈赤チン〉　一ビン
〈消毒用アルコール〉一ビン　〈メンソレータム〉一カン　〈ほうたい〉一巻
〈ガーゼ〉一袋　〈絆創膏〉一巻

工具

〈カンナ〉六丁　〈ノコギリ〉六丁　〈金ヅチ〉二丁　〈ノミ〉二丁　〈シーナイフ〉一丁　〈ドライバー〉三種　〈キリ〉三本　ふつうのキリが二本。あと一本はハンド・ドリル。
〈プライヤー〉二丁　〈モンキー〉二丁
〈名称不明〉　一丁　ペンチとプライヤーを兼ねたみたいな新製品。
〈ヤスリ〉　二本　丸型と角型。
〈釘〉　一箱　いろいろ混ぜて……。

〈針金〉一巻　一・二ミリぐらいの鉄線。これは何にでも役立つ。太いのがほしければ、なん本も合わせればよし。

〈モクネジ〉五〇本　〈スコッチ・テープ〉大一巻　〈メジャー〉一本　〈砥石〉一枚

〈ウエス〉（ボロぎれ）若干

日用品

〈タオル〉　二〇枚　日本手拭ではなくてタオル。ふつうのタオル。バスタオルは使い道がない。買ってあったのと、家にあったもの。

〈石鹸〉　六個　いくら洋上でも、ときには顔や手もみがくつもり。からだを洗うことも、あるかもしれない。家から……。

〈歯ブラシ〉　三本　いままで、クルージングのときには、ほとんど歯をみがかなかった。こんどはみがこう。虫歯になってはいけない。

〈歯みがき〉　二本　徳用の大チューブ一。小チューブ一。前から積んであるのも、だいぶ残っている。

〈カミソリ〉　一〇本　タバコ屋で売っている軽便カミソリ。ひとつ五円のヤツ。使い捨てにする気。

〈鏡〉　一枚　もとから、キャビンにつけてある。シケのときは、鏡を見ると、よく酔う。

〈ローション〉　一ビン　ろくに、頭も洗えないだろうから。

〈ヘア・クリーム〉　一ビン　いく月も伸びほうだいになるはず。少しは押さえないと……。

〈ヘア・ブラシ〉　一本　ナイロン毛の品。手持。クシは使いようがあるまい。

〈フケ落とし〉　一個　これは、どうしてもいる。手持。

〈爪きり〉　一個　爪が伸びすぎては、作業ができない。それに怪我のもと。手持。

〈毛ぬき〉　一個　トゲをさしたときの用意。同時に、ぼくはサカサまつ毛がよく生える。ほっておくと、目がはれあがって痛む。

〈中性洗剤〉　一箱　衣類や食器を洗うため。海水を使うからには、なおのこと。

〈針〉一〇本　〈糸〉数巻　〈ハサミ〉一丁

〈おとし紙〉　一しめ（一〇〇〇枚）　ものすごく、たくさんあるので驚いた。しかし、念のため。

文房具

〈鉛筆〉　一ダース　新品。箱入りのまま。船の上では、硬いのは使いにくい。Bを買った。

〈ボールペン〉　一〇本　鉛筆の形になった安物。色は黒、紺、赤の三種類。万年筆は、ヨット上では適当でない。ペン先がブッソウだし、せっかく書いても、潮にぬれるとにじんでしまう。

〈大学ノート〉　一〇冊　大判と中判、五冊ずつ。大判を航海日誌に使う予定。
〈鉛筆けずり〉　一丁　ふつうの切出し。
〈消しゴム〉　二個
〈製図用具〉　一セット　ディバイダー、三角定規など。航法のため……。
〈紙バサミ〉　一個　ドキュメント・ホールダー。必要な資料をまとめておくため。また、机がないから、筆記用にも……。

書籍・雑誌

なるべく軽い小型本を選んだ。ぜんぶで約六〇冊。手持のなかから……。

主なところでは――

〈実験漂流記〉Ａ・ボンボワール　〈老人と海〉Ｅ・ヘミングウェー　〈大洋巡航物語〉福永恭助　〈紅毛海賊史〉著者忘れた　〈白昼の死角〉高木彬光　〈風来坊留学記〉安川実

〈ヨッティング〉〈舵〉〈ＲＵＤＤＥＲ〉〈航空ファン〉〈科学朝日〉〈ガン・ファン〉〈ヒッチコック・マガジン〉〈エラリー・クイーン・ミステリー・マガジン〉〈マン・ハント〉

の各バックナンバー。

〈英和辞典〉コンサイス　〈和英辞典〉スタンダード　〈英英辞典〉小型ウェブスター　〈英語に強くなる本〉〈科学的英会話独習法〉〈スペイン語四週間〉

寝具類

〈スリーピング・バッグ〉（寝袋）　手持。

〈毛布〉　四枚　ダブル三、シングル一。手持。

〈クッション〉　三個　エバー・ソフト入り。ひとつは妹からプレゼントされた手製品。

その他

〈カメラ〉一台　三五ミリ半截のEEカメラ。国産。手持。

〈フィルム〉　カラーネガ　三本　モノクロームは持っていかない。

〈雨傘〉　二本　折りたたみ式でない、ふつうのアンブレラ。黒の木綿張り。疲労予防と日焼けどめ用。香港レースに出場した石原慎太郎氏の文章からヒントを得た。

〈日めくり〉　一冊　航海記録をつくるため。まい日むしる式のでないと、コンがらがる。

〈釣り具〉　一組　毛針の一種、魚のような形をした針が三ついている。エサをつけずに、ひっかける式。ウキなし。オモリつき。テグス糸。

〈ウクレレ〉　一台　手持。ろくに弾けない。どうやら「旅愁」（ふけゆく秋の夜）だけ。

洋上で、暇なとき、気晴らしに弾くつもり。

清水（飲料水）

〈一二リットル入り携帯カン〉一本　〈三リットル入りビニール袋〉一八個　〈二リットル入りケトル〉一個　　　　計六八リットル

日本脱出

「今夜、出かけますねん」

5月12日(土)＝第一日

朝から雨。今夜の出発は、どうかと気づかわせた。が、次第に天候は回復したので、予定どおり、出ることにした。

午後8時45分、ムアリング・ロープ（もやい綱）をはずす。飛び出したとおもったら、完全な無風状態に入る。その後、西宮灯台を通過するまでに、一時間二十分を要した。

朝、なにかの気配で、目をさます。時計を見ると、まだ七時だ。外で、変な音がしている。ハッとして、窓をあけてみる。やっぱり雨！　それも、本式の降りではないか。

――ツイてないなあ。

でも、クヨクヨしたところで、雨はやんでくれやしない。なりゆきにまかせることにして、蒲団にもどる。また、グッスリ眠る。こんどおきたら、十時をすぎていた。

食事をすましてから、家を出る。最後の買物をするためだ。雨は相変わらず、降りつづける。感じの悪い五月雨である。だが、朝よりは、雨足がゆるい。

公衆電話によった。おととい、奥井さんまでだましてしまったのが、気になる。ダイヤルを念入りにまわす。いつも、奥井さんのところは、電話がこんでいる。

だのに、きょうは一発でかかった。それも、ズバリ奥井さんの声だ。スッとした。

「実は、今夜、出かけますねん」

おそるおそる報告したら、

「よっしゃ」

たしか、奥井さんはそう答えた。もう説明はいらない。

「早かったな。送りにいくわ」

「すんません」

海老江（駅名）から阪神電車の上りに乗る。大阪の阪神デパートへいくつもりだ。窓から雨景色をながめる。

――いつもと、おんなじやな。

ちょっと、おかしな気がした。自分をふりかえってみる。ウワずっているようにも、おもわれない。

デパートは、部分ストをやっていた。商品券売場のような直営のところは、しまっている。

が、メーカーが場所借りしている売場は大丈夫だ。フランス・パンとキャンデー類を、しこたま買いこむ。はちきれそうな紙袋を胸にかかえて、帰路につく。

昼飯を、オフクロと妹と三人で食べることになっていた。オヤジは旅行中だ。早く帰ろうと、タクシーをさがす。しかし、雨のせいか、交通マヒ状態だ。とてもつかまらない。あきらめて、阪神にする。駅から飛んで帰った。

食膳には、赤飯に尾頭つきがならんでいた。カニだか、エビだったかもあった。赤ブドウ酒も出た。改まって、乾杯することもない。なんとなく、みんなで飲む。

いまさら、話もなかつた。でも、こんなに長く、肉親と離れるのは、生まれてはじめてだ。いささかセンチである。それに、出発が近づいてからは、オフクロもうしかたがないとおもったんだろう。ちょいちょい、資金を援助してくれていた。和子（妹）も、手製のデラックスなクッションを寄付してくれた。少し、こたえる。

念のために、もう一度、申しわたした。

「ぜったいに、百二十日までは、心配せんといてや。さわいだらあかんで」

オフクロが外を見るそぶりで横をむくと、ポロッと涙をこぼした。気がつかないふりをする。そうでないと、おたがいにやりきれない。

食後、また近所へ買物に出る。雨はやみそうだ、砥石と乾電池を仕入れた。

二時すぎ、家を出る。いつものセーリング・スタイルである。草色のジャンパーに、洗い

ざらしのジーパンだ。店のものに、

「ちょっと、西宮のハーバーまで行くねん。送ってんか」

当分、帰ってこないんだ。自分で運転していくわけにはいかない。むろん、彼にはなんにも知らしてない。

荷物を積んでいたら、ルミーがはげしく鳴いた。小屋の金網に前脚でつかまって、なにか訴えるみたいだ。腹がポンポンにふくれて、横に張っている。二、三度、軽く名前を呼んで、トヨペットに乗りこむ。

ノンキな世間話をしながら、阪神国道を西に走る。いい具合に、空が明るくなってきた。西宮で、雨は完全にやんだ。手つだってもらって、最後の積みこみをする。

ハーバーのバス・ストップにある水道栓から、一二リットル入りの携帯カンに、清水をくんだ。三リットル入りのビニール袋一八個は、前に積みこんである。そのぶんは、わが家の水だ。こんどは母港の水にした。

パンや果物などの生ものも積んだ。うちから用意してきた雨傘も、そのまま持っていくことにする。これで傘は二本になった。店のもんは、何も気づかないまま、帰っていった。

積み終ったころ、竹内さんがきてくれた。少し遅れて、奥井さんも現われる。まだ時間は早い。

友ケ島水道は、朝の十時ごろ南流が最強になる。北から南へ、たくましく流れる。これに乗って、一気にぬける予定だ。西宮から十時間ちょっと見ておけば、ちょうど間に合う。それには、九時ごろのスタートがいい。

なじみの屋台のオバサンに、オニギリを三食ぶん頼んだ。ウメボシを入れて、ノリで包んだヤツだ。このオバサンにも、高校入学以来、ずいぶん厄介になった。ウドンと関東煮は、どのくらい食っただろう。ヨットマンをみんな息子みたいにおもっている。屋台なのに、いくらでもツケにしてくれる。半年ためても、イヤな顔ひとつしなかった。

「どこへいくんや?」

「ちょっとね」

三食ぶんの注文だから、怪しみもしない。百八十円払った。

竹内さんの車で、三人して街へ引きかえす。

阪神の西宮駅前にある〈不二屋〉に入った。ビールで乾杯して、ぼくは焼飯をご馳走になる。ほんとうは、猛烈にスシが食べたかったが、でも、生ものを食って、腹をこわしては一大事だ。かろうじて、我慢する。焼飯もほどほどにして残した。セーリングは、腹がすいているぐらいのほうがいい。

出てから、近くの酒屋に寄った。テーブル・ワインを買う。竹内さんたちに送ってもらって、浜へもどった。

ぼくが乗ったあと、足舟《あしぶね》(船の繋留地点まで、乗員や荷物を運ぶ小ボート)を帰さなくてはいけない。そこで、もったいなくも、両先輩がテンダー要員をやってくれる。ムアリング・ロープも二人がはずした。

「一週間は、だれにも黙っててくださいや」

テンダーで帰っていく二人へ、スターン（船尾）から念を押す。竹内さんがあごをしめてうなずいた。

「そんなこと、言うかいな」

奥井さんの歯は白い。

「しやけど、お二人に迷惑がかかったら、悪いがな。一週間すぎてから、だれぞに聞かれたら、〝いきよったらしい〟言うといて」

セールをあげにかかる。静かだ。

岸壁に着いた竹内さんが、車のむきをかえて、ヘッド・ライトでこっちを照らしてくれる。奥井さんが写真をとった。

さあ、行こう。しかし、まったく風がない。

〈マーメイド〉は、もやってあった〈サザン・クロス〉のおなかから、離れようとしない。しかたがないので、もう一度、〝お父ちゃん〟（〈サザン・クロス〉のこと）に乗って、足で突き離す。それから飛び移る。カッコ悪いったらない。

ふつうなら、ヨットは、無風でも、頭のむいているほうへ、一センチぐらいずつは動くは

1962年（昭和37年）5月12日8時45分、西宮を出港。しかし無風…

出港当日、先輩の竹内さんと奥井さんが見送ってくれた

ずだ。ところが、ビクリともしてくれない。ほんとうの無風である。

ヘッド・ライトが照れくさい。いつまでもつけていたら、バッテリーがあがるのに、と考えた。どうにも処置なしなので、あきらめて「ビヨンド・ザ・リーフ」を口笛で吹く。やけによく響いた。

岸壁で、ライトが消えた。急に暗くなる。こっちは微動もしない。まだ見送ってくれているのか、帰っていったのか。見分けがつかない。いつまでも、ぼくがこんなところで、アグラをかいているのでは、送るほうだって気がぬけるだろう。早く帰ってくれるといい。それに、みっともなくて、照れてしまう。

三〇〇〇トンぐらいのスクラップ船が、横にいる。その足舟が出てきて、〈マーメイド〉のうしろを通る。おこぼれの波がユラユラときた。便乗して、ノソノソと〝お父ちゃん〟から離れる。

泳ぐよりも遅い。いつもなら、五、六分で防波堤から出られる距離だ。高校へ入ってから、西宮では八年も乗っている。何千回ぐらいだろう。でも、こんなムチャクチャな無風ははじめてである。毎度ながら、ぼくのセーリングには、不運がつきまとう。イヤな気がする。

やっと、防波堤の突端にある灯台の下を通過する。十時をまわっていた。なんと、五〇〇メートルばかりに、一時間二十分もかかっている。新記録だ。太平洋どころではない。しょっパナからこれではと、ジリジリした。

ノロノロ運転で、大阪湾へ出る、いつまでたっても、西宮灯台がすぐそこにある。規則正しい点滅がカンにさわる。

やっと五〇〇メートルほどすぎたころ、今津《いまづ》港へ入る船が、わざとこっちをねらって、直進してくる、一生懸命に、懐中電灯を振っているのに、そのままグングン近づく。おもしろがって、意地悪をやっているんだ。

冗談じゃない。よけるために、バックする。目の前を、グーンと通過していった。せっかくかせいだ距離を、だいぶ吐き出した。くだらないまねをするヤツだ。

とうとう、合法的な出国手続をしないままで、出てきてしまった。ある筋からの吉報を、ゆうべまで待っていたのだ。でも、ついにダメだった。

こうなった以上、シスコまで無事に行くしか、しかたがない。とにかく、つかまっては一大事だ。安全圏へぬけ出すまでは、日誌にアメリカの「ア」の字も書かない決心をきめた。ふんづかまったときの準備である。へたに威勢のいいことなぞ記入してあったら、「ご用!」になる。

さまざまの装備のほかに、所持金が日本円で二千円ある。万一、沿岸で逮捕されたら、これで家に電報を打ち、帰宅の旅費にあてるつもりだ。

ほかに、米貨で五ドル。ある人が、こっそりくれた。もちろん、これも違法である。「強制送還になる前に、せめて床屋ぐらいは行けや。アメリカは散髪代が高いけど、これだけあったら、まあ、足りるやろ」

その人は、とことんまで、ぼくの航海に大反対だった。でも、とめても、やめる気がないと知ったら、そんな心づかいをしてくれた。ありがたいことだ。

ツイていないスタート

5月13日(日)=第二日

依然として、西宮灯台の「ワン……ツー……青ッ!」が、視界から去らない。

やっと、微風が吹き出す。クローズ・ホールド(向かい風に、四五～五〇度で進む帆走法)で南へ下る。夜明けごろ、堺港のあたりで、また風はまるでなくなる。

やがて、南西が吹きはじめ、波が出た。ポート・タック(左舷開き)のクローズ・ホールドで西に走る。岩屋の西五キロぐらいで、タッキング(風上にむかっての方向転回。この場合は、左舷に風を受けていたのを右舷にかえること)する。

だんだん、風がなくなり、友ケ島水道の南流は最強だ。午後8時45分には、まだ水道の北、手前一五キロ。弱い南風のため、近づけそうにもない。

昨夜の出発以来、クローズ・ホールドで二十四時間。ティラーを握りつづけてきたので、かなり疲れを感じる。セールをおろし、アンカー(イカリ)を入れる。ロープ三〇メートル。ちゅうぶらりんではあるが、ほかのロープを足すのもめんどう。エイ、このまま寝てしまえ。しかし、気になる。

10時（午後）ごろ起きて、四方に目をやる。だいぶ東へ流された。まあ、いいだろう。また、11時に起きる。四面がモヤで、見えない。よかろう。寝てしまう。

淡路島と平行に、少しずつ南へ走った。西宮で手間どったのが、こたえる。乗るつもりでいた南流に、間に合わなかった。潮は日に二回ある。午後のには、どうしても、とふんばったけれど、なんせ、頼みの綱の風が吹いてくれない．また乗りそこなう。

夜の十一時ごろ、目をさましたら、船は大阪湾の真中で、すわりこんでいる。「寝てしまう」といっても、これでは眠る気になれやしない。ひどいスタートだ。

5月14日（月）＝第三日

午前5時ごろ起きる。北から順風が吹いているではないか。それ、いけッ！　セールをあげ、アンカーはとりこむ。

四面、モヤだ。位置がどの辺なのか、よくわからない。とにかくSW（南西）に走らす。次第に風が落ち、船は北をむく、エイ、もうほっとけ。

南流の最強時、午前9時45分に近づいて、S（南風）が吹きはじめる。それに乗って、切りあがる（風上にむかう）。

午前11時、友ケ島水道を通過。そのあと、風が弱まる。

午後3時30分、風Sに定まり、風力三ぐらい。ポート・タック・クローズ・ホールドで、セルフ・ステアリング（自動操舵）にセット。

雨が降りはじめた。〈NHK〉の第二放送が、4時5分から天気予報をやる。聞くため、キャビンに入る。十分か十五分ごとに、キャビンのスライディング・ハッチ（すべり戸になっている天蓋）をあけて、周囲に目を配る。すぐにしめる。

雨もりが、キャビンのまん中あたりに一か所。ポタリ、ポタリ。たいしたことはないが、気にかかる。

それにしても、西宮―友ケ島間を三十八時間。時速一マイルも出なかったとは、ちょっと情けない。

あとは、日の御崎までクローズ・ホールド。風はかなりあるが、波もきつい。ピッチング（たてゆれ）するので、ときどきパンチング（へさきが波をたたく）。波頭が白くくだける。それが船にあたって、ポン、パンとくる。しかし、キャビンのなかで、ゴキゲンでラジオを聞いています。

次第に、風強し。ストーム・ジブ（荒天用の小さい前帆）を張り、メンスル（メイン・セールの略。マストに張る主帆）を、上から二番目のバテン（帆の各所に、水平に挿入してある副木のような薄板）の下までにリーフ（縮帆）して走る。風速二〇メートルは、完全に超えている。

ポート・タックで走る。ほんとうなら、スターボード（右舷）のタックにすべきだが、安全を期する。

あまりの強風に、マストが折れるかと心配だ。が、ここで折れるのなら、なんとか逃げられるだろう。トライスル（マストに、メンスルにかえて張る平たい三角帆）は使わないことにする。

ストーム・ジブにし、メンスルをこんなにリーフしているのに、ヒール（傾き）は、三〇度以上をマークした。波が高く、船体にぶちあたる。波音は、外板をバラバラに粉砕するかとおもわれた。

それに、アカもり（浸水）がひどい。コックピット（操舵席）の上で大波がくだけ、人間もろとも、海のなかへ引っぱりこまれそうだ。

船酔いのきつさは、お話にならない。吐くものがなくなり、ついには、胃液に血がまじる。先輩の奥井さんをおもいだす。

前夜から、わりによく眠った。おかしな格好のまま、横になったにしては、上できのほうだ。疲れていて、オイル・スキン（防水服）をぬぐ気になれなかった。寒い。夜露もひどい。

ちょうどいいやと、着たなりで横になる。長靴もはきっぱなしである。下には、足袋をはいている。湿って気色が悪い。だが、冷えるよりはまだいい。

クォーター・バース（キャビン内の両舷にある板敷。大部分は穴蔵のようになっている。寝台《しんだい》に使う。いちばん広いところで、幅は六〇センチ）の片づけが、まだすんでいなかった。主なものは格納してある。しかし、パッキングの空箱や本などが、ゴチャゴチャしている。シンドいので、その上へデンと寝た。

午前十一時半、やっと潮をつかまえる。きのうはマイナスに押しもどされている。こんどこそはと走らせる。うまくいけば、六、七ノットは出る。しかし、最強時を一時間四十五分もすぎているから、二ノットがせいぜいだ。

友ケ島を通過したあとは、風が南に変わる。風力は三くらい。クローズ・ホールドがよくきく。ありがたい。これがキング・フィッシャーのいいところだ。

日の御崎で、夜に入る。雨がはげしくなった。強風注意報が発令されている。あたりに船は一隻も見えない。低気圧のドまん中を通っているらしい。

でも、人目をさけるためには、かえって都合がいい。紀伊半島の先端に近い田辺が鬼門だ。田辺の海上保安部は、東の下田（静岡県）とならぶ大所である。行動力も強いし、巡視艇もたくさん持っている。可動半径がうんと広い。このあたりでカンづかれたら、逃げようがない。

それに、一般船舶の報告というのも、気をつけなくてはあかん。保安庁の船には、航続距離にかぎりがある。しかし、一般の船はどこにでもいる。オセッカイな船長が、「挙動不審のヨットを発見」なんて、忠義ぶって保安庁へ連絡するかもしれない。

「では、つかまえて、連行せよ」

そんなことにでもなったら、オジャンだ。だれにも会いたくない。

それにしても、アカがジャンスカ入る。簀板（すいた）をはずして、バケツでくみ出す。すごくゆれているので、外へこぼそうとしたら、手もとが狂って、そのへんにぶちまけた。

夜、またヘマをやる。ニスをぬってあるスライディング・ハッチに、ランタンの灯が映っていた。それを空と錯覚して、バケツをぶちまけた。むろん、フタをしたなかだ。頭からザンブリとかぶる。

ほんとうに、マストが折れそうだ。折れるものなら、折れていい。ここでなら、どこかへ着けられるだろう。強引に走らせる。

なにしろ、西宮のハーバーを出るのに、一時間二十分。そのあとも、大阪湾だけで、まる一日半とられている。予定よりも、はるかに〝かせぎ〟が悪い。スタートでかせいでおけば、あと少しぐらいぜいたくをしても、かまわない。しかし、こんなに最初から支出ばかりかさんだのでは、先ゆき貯金がないわけだ。頭が重い。

大阪湾を出るまでがたいへんとは、計画の初期から覚悟はしていた、きょねんの夏にも、紀伊水道でシケられて、パール・レースに出そこなっている。ぼくは、ここを難所のひとつに数えていたんだ。冬のうちに、横浜へ回航しておこうと考えたのも、そのためだった。が、それにしても、いままでのかせぎは、お話にならない。しかも、田辺の近くだ。なんともいえない気分である。

船酔いも、例によってひどい。行程のはじめは、からだが馴れない。ある程度は、しかたがないだろう。出港のとき、三食ぶんといってつくってもらったオニギリが、まだある。一度に、せいぜい半個しか、のどを通らない。食べていないから、胃液ばかり吐く。その胃液も、しまいにはなくなってしまう。あとは、血しか出てくるものがない。

スリーピング・バッグ（寝袋）の使いかたを工夫した。チャックを首のところまでしめて、ノンビリもぐりこんでいたのでは、急場の間に合わない。風の変化に応じて、たちまち処置をしなくては危い。そんなとき、チャックに衣類をはさまれたりしていたら、とんだことになる。

毛布をたたんで、敷ぶとんにする。チャックを開ききったスリーピング・バッグの内側を下にして、掛ぶとんのようにかけた。これなら、イザというとき、すぐに飛び起きられる。スリーピング・バッグのすそは、筒になっている。この部分に足をつっこむ。適当に温い。枕はライフ・ジャケットだ。からだを斜めにして、肩を壁にあてる。こうすると、船がヒールしても、ころがらずにすむ。

肩のすぐ上に、コンパスをおく。寝たままで、ちょっと首をねじれば、針がのぞける。荒天のときは、これでいくことにする。が、いつもそうするのも考えものだ。置く場所を一定にしておかないと、ヒズミが出る。

慰めてくれる涙

5月15日(火)=第四日

室戸岬のほうをむいてしまうので、タッキングした。

関西汽船が横を走る。ピッチング(たてゆれ)しながら、バウ(へさき)を突っこんでいる。見ながら通過。

波長は一〇〇メートルを超していた。が、風は弱まり、波ばかりだ。まったく、イヤになる。

食べもののことを考えただけで、ムカムカして吐く。母をおもった。九ちゃんの「上を向いて歩こう」を歌ったら、涙が出て、とまらない。

夜に入ると、風がなくなる。セールを上げたまま寝る。


どうやら、紀伊水道をぬけた。一応、周囲は開けたわけだ。もう、少しぐらいは左右に振っても、ぶつかる心配はない。そうおもって、疲れなおしに横になる。ティラーはくくりつ

5月14日、最初の嵐、ストームジブに2ポイント半のリーフで突き進む。風速20メートルを超える

けてある。

が、ふと気がついたら、風が南にもどっている。四国へ逆もどりだ。あわててタッキングした。朝十時ごろになっていた。

夜、波ばかりで、風はぜんぜんない。金も借りていないのに、利子だけとられているようなものだ。まるっきり、わりが合わない。ゆさぶられながら、漂泊している。

セールをおろすと、ローリング（よこゆれ）がひどくなる。それでは、気分が悪くて寝られない。だから、セールはあげっぱなしにする。

涙が出る。我慢することはない。おもう存分に泣いた。人がいては、とてもこうはハデに泣けやしない。シングル・ハンドの功徳だ。いくらでも泣ける。泣くのも、精神衛生術のひとつである。涙は慰めてくれる。むしろ楽しい。

5月16日（水）＝第五日

朝になっても、風はまるでない。船はあっちむいたり、こっちむいたり。ほんとにゲンナリする。

正午から、風が出た。しかし、あいにくの東風。またクローズ・ホールドで、ＳＥ（南東）に走る。セルフ・ステアリングが好調なのだけは、ゴキゲンだ。

風が北東に振った。東にむいて快走をはじめる。

3時30分、R・D・F（方向探知器）を入れる。潮岬の南南東一〇マイルの地点にきたらしい。まずは安心。

だが、また風は東になり、SEにむかって走る。

朝、肝心の風はなくて、波ばかりだ。推進力がないから、波のまにまに、いいようにこづきまわされている。こうなったら、進まないのは我慢する。だが、へさきがキョロキョロしているのが気に入らない。動かないにしても、せめて目的の方向をむいて、シャンとしていてもらいたい。行く先に尻をむけているのでは、くさってしまう。おなじことなんだけれど……。

5月17日（木）＝第六日

朝5時半、コンパスを見ると、ポートに（左に）まわっている。こりゃ、いかん。さっそく、ティラーをくくりなおす。マグロ船が横に近づいてきて、いろいろ話してから、去っていった。

昨日の夕方、この船らしいものを見かけた。漁に出かけていくところらしかった。きょうは帰りしななんだろう。

5月17日、マグロ漁船が寄ってくる。どこへ行くと問われて「八丈島や」と答える

メインセールをブームにきっちり固縛し、ツインステイスルを展開する（5月21日）

こっちが、おなじところをチョロチョロしているもので、気になったにちがいない。親切で、ようすを見にきたのだ。

ま横にとまる。一〇〇トンはなさそうだ。こっちと、デッキの高さが大してちがわない。もっとも、漁船は舷が低いし、ヨットは図体のわりには高い。

おたがいに、相手のサイドを足先でつっぱりながら、話をする。むろん、当てないためである。

「どこまでいくんだ?」

と尋ねられる。

「八丈島や」

「どこからきた?」

「大阪や」

十人ぐらい乗っている。気のよさそうな連中だ。こんどは、ぼくのほうから、

「カツオ船か?」

「いや、マグロだよ。それより、お前、そんなちっぽけなヨットで、八丈までいけるのかい? あぶないなあ。ちょっと風が吹いたら、ひっくりかえるぜ」

いうことは、ごもっともだ。しかし、実は八丈島どころではない。おかしくなる。

「おおきに」

とだけ答えておく。

「八丈から、どこへまわる?」

「横浜へ入るんや」

まさか、ほんとのことをいうわけにはいかない。

別れしなに、愛用のオリンパス・ペンで、写真を撮ってやった。

「できたら、送ってくれ」

「ヨッシャ。船籍はどこや?」

「和歌山や。和歌山の〝海事〟あてに送ってくれれば届くよ」

「ウン」

送るのは、だいぶあとになるだろう。少し気持にひっかかる。十分ぐらいして、手を振り合って別れた。あとあと、航海中にときどきおもいだしては、この〝借金〟が苦になった。

「きょうはカンニンしてくれ」

5月18日(金)=第七日

外を見ると、ボートはゆるい南風を受けている。これこれ。が、艇速は一ノットがやっとだ。

正午近くから、少しずつ吹きだす。しかし、だんだん北に変わり、アビーム（風に面して横走り）でいく。

波高く、風強い。ボートはローリングが大きく、ステイ（マストから張ってあるワイヤー・ロープ）はピュンピュン鳴る。

波がハル（艇体）に襲いかかる。小生、キャビンで小さくなって、心配していた。

そのときの心ぼそさといったら……。どんな歌を唱っても、泣きだしてしまう。さすがの「軍艦マーチ」も威力なし。

が、徐々に風は落ち、またもや南となる。微風のため、ローリングがはげしい。でも、たいしたことはない。ツイン・ステースル（前に張る二枚帆。風をたくさん受ける）をセットして、寝てしまう。


出発して、一週間になった。ベスト・コンディションなら、ここまで二日か三日だ。そう考えると、気が滅入る。からだの調子もよくない。よっぽど注意しているつもりなのに、下痢と便秘をくりかえす。食欲もない。

勤勉にセーリングをするファイトがなくなってきた。そこへ、またシケだ。弱気のときなので、なおさらこたえる。どうなることかと悲観する。

しかし、ひきかえす気にはならない。それだけがめっけものだ。

ヨットの上で、ぼくがよく口ずさむ歌——

「マウイ・ワルツ」

「ビヨンド・ザ・リーフ」

「上を向いて歩こう」

「軍艦マーチ」

しかし、だいたいがヘタクソだ。すぐに、いろんなのがゴッチャになる。あげくは、わけのわからないものができあがってしまうが、人に聞かせるんではない。まあいいだろう。なぐさみに、泣きじゃくりながら、〈コンサイス〉の英和をひいてみる、「リーフ」(reef)のところを見たら、「暗礁」とかなんとか、うれしくない訳語しか出ていない。「ビヨンド・ザ・リーフ」の「リーフ」(サンゴ礁)を、なんとなく確かめなおしてみたかったんだ。ウクレレをひく気にはなれない。それに第一、教則本を忘れてきた。

5月19日(土)=第八日

朝、コンパスを見たら、ボートはなんと、Sをむいていた。ゆうべのうちに、風が北に変わったらしい。雨も降っている。イヤがらせをするんなら、もう少し待ってくれ。そのうち、小降りとなる。ストーム・ジブとメイン・セールを張る。ツイン・ステースルはおろす。

キャビンに入り、チーズと味つけノリで、ウイスキーを少々飲む。空腹をごまかすためだ。「トリスを飲んで、ハワイへいこう」じゃないが……。

陽が落ちるまで、風は変わらず。が、風力一では、お話にならん。ほとんど一日じゅう、キャビンですごす。

雨は終日、降りつづける。出発以来、雨の降らない日は、二日ほどあっただけ。まるで梅雨のようだ。気圧配置も梅雨型をとっているらしい。

もうヘトヘトだ。キャビンから出たくない。へさきはオーストラリアのほうをむいている。しかし、なんにもする元気がない。きょうはカンニンしてくれ。休みたい。

5月20日(日)＝第九日

朝から風なく、波だけ。ボートはローリングしながら、止まったまま。あっちむいたり、こっちむいたり。

そのうち、吹きだすだろうと、出発以来はじめて火を使う。お湯をわかして、グリーン・ティーとコーヒーを、各一杯ずつつくった。うまい。米もたく。

ボートはどうやら、静岡南方の沖をうろついているらしい。早く逃げ出したい。だが、風がこんな具合なので、予定の半分くらいしか進んでいない。

もう出てきてから九日目。なんだか心ぼそくて、すぐセンチメンタルになる。

モンキーでシャックル・ピン（ロープを中継している「コ」の字型の金具がシャックル。それに刺してある太いピン）をとめなおす。ワイヤーにもオイルをやって、サビどめする。

ピンに一三、ワイヤーに一三。どこか一か所でも、はずれたり、切れたりすれば、マストは立っているのを、やめなくてはならない。こっちの運命ももろともだ。

正中時ごろから、微風が吹きはじめる。それに乗せて、東北東に走らす。

夕方、ひところ凪いだが、また吹く。でも雨をともなっているので、セットしたまま、キャビンで寝てしまう。


ラジュースの使い方が、なかなかむずかしい。船用に、台に仕掛をして、火口を囲った外国品を、いくらさがしても、手に入らなかったので、家庭用の普通品の中で選んだものだが、やはり、絶えずゆれつづけるヨットの上では、安定が悪い。押えながら、火を使う。覚悟はしていたが、すごく不便だ。

はじめて飲んだお茶とコーヒーが、びっくりするほどおいしい。まだ、かたい食物の受け入れ態勢ができていない。固形物は食べたとたんに、胸につまる。きょうは、お茶のなかにパンを千切って入れてみる。口あたりがいい。すごくイケる。

悪戦苦闘の連続

伊豆七島の難関突破

5月21日（月）＝第一〇日

午前6時、雨があがる。風も微風を送ってくれる。逃がさぬよう、直接、手でティラーをとる。

午後になってから、四隻の汽船に会う。バウを伊豆のほうにむけて走った。

9時ごろ、御蔵島と八丈島のあいだをぬけたようすだ。保安庁の報告だと、ことしの黒潮は、二つの島のあいだを、北東に流れてるそうだ。しかし、太陽も落ちているので、セーフティ・ファースト（安全第一）をねらい、その南のリーフ（暗礁）のないところを通った。

小生にとって難関とおもわれた伊豆七島も、これで突破だ。

右手、前方に月がいる。天上には北斗七星。ポラリス（北極星）はま横に光る。追手

（背後）に順風を受け、ツイン・ステースルをいっぱいにしめこむ。右手にティラーを持ち、左手でチーズをかじる。ラジオから、ハワイヤンとモダン・ジャズが流れる。

ひとつの勝利を手にしたような、満足感をおぼえた。


八丈は見えなかった。御蔵も見えぬ。夜間だし、この辺には、どういうわけか、灯台がない。通る船がないからかもしれない。

しかし、調べてあったとおりの荒岩を見た。御蔵南西にある岩と確認する。これが、網膜に映った最後の陸地になる。

伊豆七島は、海底では一列につながっている火山脈だ。水面には出ていなくても、切れ目なく、島がならんでいるようなものである。とんでもないところに、海面下の島がひそんでいる。海流も複雑な流れ方をする。シングル・ハンドでは、いつなんどき、のしあげるかもわからない。

どこをぬけるかを決めるのが、まず問題だった。ぼくは八丈と御蔵のあいだに、ねらいをつけた。血の涙で五万七千円を投入したディレクション・ファインダーが、ここで実力を発揮してくれた。

各地のビーコン局から、それぞれにちがう波長で電波を出している。受けた電波の長さを見れば、どこの局かがわかる。つまり、その局から、どの方向に自分がいるか、すぐにハッキリする。

串本の航空用のをとった。伊勢湾のも受けた。御前崎も入る。伊豆大島からもキャッチした。犬吠崎もとった。館山のは、すごくきつい。あらこちにアンテナをまわす。たくさんの局の位置から逆算して、自分の地点が出てくる。緯度と経度がわかる。

緯度は、だいたい一度が六〇マイルにあたる。これは、どこでも変わらない。緯度は地球をほぼ等分に輪切りにしているからだ。

だが、経度はちがう。北半球では、一度ぶんの距離が、赤道上でいちばん広く、北へいくにつれて縮まる。このあたりでは、ザッと一度が五〇マイルぐらいだろうか。

こうして、海図の上で、自分のコースがたどれる。

朝には八丈とおなじ緯度にいた。

ところが、運悪く、四回も船に会う。会うたんびに、いちいちバウを北にむけて見せる。ジェスチャーである。目指すほうへ走っていて、「あの野郎、とんでもないほうへ、いきやがる」と怪しまれては、何を言われるか知れない。だから、伊豆のほうにむける。敵が遠ざかると、またもとにもどす。

また、別のがやってくる。あわてて、ポーカー・フェイスをつくる。めんどくさいこと。

おまけに、ここは北寄りの黒潮が流れている。お芝居をくりかえしているうちに、だいぶ北によってしまう。たぶん、一〇マイルの赤字とおもわれる。

方探をたよりに、まっ暗闇のなかを、南にくだる。八丈と御蔵の中間とおぼしきあたりに針路を振る。無事にぬけていくらしい。通過しながら、ヨッシャとおもう。コースの正しかったことに、うんと気をよくした。位置がつかめると、グンと自信がつく。ゴロゴロとあるはずの暗礁を、エイヤでやりすごした。爽快な勝利感だ。

本土から八丈までセーリングしてきたヨットは、いままでに一隻しかいない。が、それは四人でだ。

「シングル・ハンドで八丈までいけたら、まず大したもんだ」

よく、そんな話を聞いていた。その第一号になった。

ちょっと、鼻が高くなりかける。しかし、〈マーメイド〉のデスティネーション（目的地）はシスコじゃないか。まだまだ、スタート・ラインにもついていない。こんなところで、気をゆるめては大ごとだ。口を結びなおして、気持をひきしめる。

デイト・ライン（日付変更線）を出発点と考えることにした。はるかに遠い。いまはやっと、スタート・ラインのほうへ、スパイクのひもをしめながら、歩いているところである。

ルミーのお産は、もうすんだろうか？　安産だったかしら。初産だから心配だ。

5月22日（火）＝第一一日

強い直射日光がバースにさしこんでくる。早く起きた。お湯をわかして、リプトンを三杯も飲んだ。まったく、すばらしい。まだ何杯でも飲めそうだ。

陽は照りつけ、気温が高い。しかたないので、雨傘をさしてティラーを持つ。快適である。

天気予報のなかで、「九十九里浜の沖で、機雷らしきものを発見。保安庁報告」と言っている。それに、台風三号が四国の沖合を、北東にむかって進んでいるそうだ。どっちへ進路をとれば、よいものやら。陸には近づきたくないし。

このまま、北東に進もう。

一度ぐらい、台風に会ってみたい。ペンペン。（〝三味線〟のこと。対外むけのポーズ。堀江氏はホラや強がりの意味によく使う）

ラジオが、なん十年来の暑さだと、ニュースを伝える。東京は異常渇水だそうだ。こっちも小笠原高気圧のまっただなかである。とんでもない暑さだ。五月でこのくらいなら、夏はどうなるんだ。

ツイン・ステースルで先を急ぐ。おかげでメンスルがあいている。ブーム（マストからほぼ直角にでている横木。主帆の下端が、これにつく）に、雨傘をひっかけてくる。コックピットが、ちょうど日陰になった。

直射日光は疲労の大敵だ。つとめて、肌を焼かないようにする。長袖のシャツに着かえた。

キャビンでは、野球帽をかぶっている。が、外へ出るたびに、ストロー・ハットに変える。日焼けを気にするなんて、女の人みたいだ。しかし、小生は健康のため。

のどがかわく。唇もカサカサになる。存分に水を飲んだら、たちまち底をつくな、と考える。渇きは感覚の問題だと、言いきかせる。唇にメンソレータムをぬってみる。が、たちまち、干からびる。

ほしいとおもうから、なおのどがかわく。そこで、ビールをビンづめのぶんからあける。空ビンを捨てられるから、少しでも軽くなれる。実をいえば、アルコールはそう好きでない。だから、たくさんは飲めない。コーヒーやティーだと、きりがない。それを計算して今はビールをあてがった。もともと、そういうねらいで積みこんだビールだった。

微風で走りつづける。昼すぎ、スターンから乗り出して、食器洗いをした。すると、トランサム（船尾板）の下に、チョロチョロと魚のシッポが見える。つかず離れず、ついてくる。見ていたら、風の加減で船がグッと進む瞬間に、少し遅れる。が、すぐに追いついて、頭をかくす。一五センチか二〇センチありそうな魚だ。たぶん、サバらしい。

これは、ひょっとしたらとおもう。両方の掌をまるく囲って、船尾にあてがう。グイッと進むのを待つ。ヒョイと現われたのを、パッとキャッチした。五匹ばかりとる。魚の手づかみははじめてだ。

この日、ごつうゴキゲンである。悪戦苦闘の十日間だったんだもの。炎暑も苦にならない。

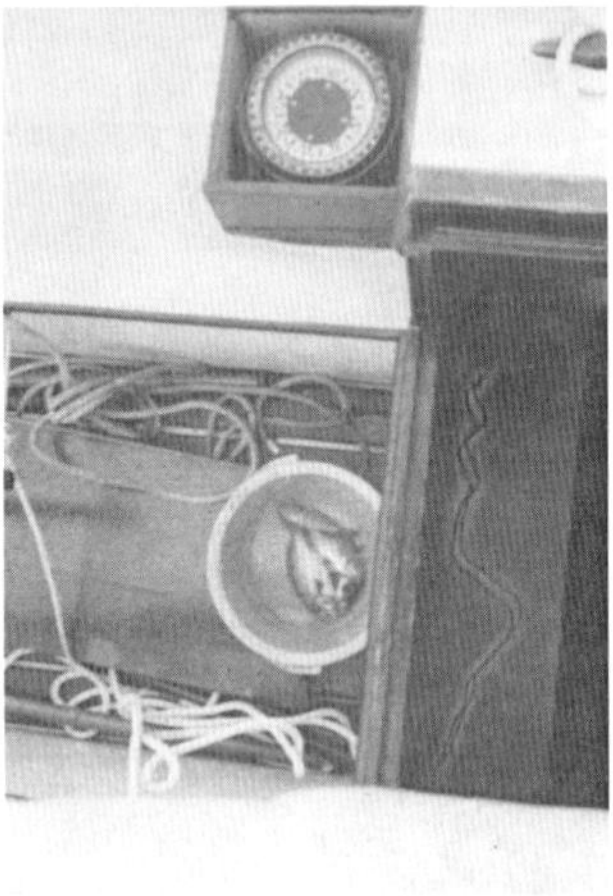

5月22日、素手で5匹の魚を捕まえた。初めての経験だ

2度の嵐を経て、八丈沖を脱出。キャビンの中はグチャグチャだ

寒さと空腹と船酔いと

5月24日(木)=第一三日

午前5時、アネロイド・バロメーター(気圧計)は一〇〇〇ミリバールを割る。外は、風波がグングン激しくなった。セールをあげて走っては危険だ。

胴体にライフ・ライン(命綱)をまきつけて、デッキに出る。スターンから、五〇メートルのロープをのばして、セールをおろした。それでも、ボートは波に立たない(直角にならない)。で、さらに、四〇メートルのアンカー・ロープにアンカーをつけて、スターンから流す。

アカもりがひどい。ローリング、ピッチングがきつい。ピンのボルトが千切れそうにふるえる。

午前11時、九九一ミリバールを記録。すると、風は弱まり、太陽が出るではないか。台風の眼にきたらしい。いまのうちに写真をと、大いそぎで波のいろいろを二十枚近くとる。しかし、それもつかの間。南無妙法蓮華経! 南無妙法蓮華経! そう唱えるしか、いまできることはない。ボートはバラバラに解体する寸前とおもわれる。

そうブルった瞬間、横から巨大な波がぶちあたった。ドッと海水が流れこむ。これで、わが生涯も終りか。つづいて、もうひとあたり。スターボード側の後部ガラスが、みじんに破れ飛んだ。

あわてて、板をあてて釘を打つ。そのうえを、ビスでとめる。クタクタだ。おまけに、毛布もスリーピング・バッグもズブズブ。千切ったパンをミルクにつけたみたいになっている。着がえも、ほとんど水びたしだ。

寒さと、空腹と、船酔いに参りながら、アカをくみ出す。神に祈るばかりである。

夜に入って、気圧はいくらかあがった。が、風波はおなじだった。


全行程の最悪の日がきた。

おととい、「一度ぐらい、台風に遭ってみたい」なんて、いいゴキゲンでペンペンをひいたのも、いまはシャクの種だ。台風第三号のまっただ中にいる。

マストから引いたライフ・ライン（命綱）を胴体に巻いて、デッキに出る。そうでもしなくては、確実に海へほうりこまれる。しかし、ライフ・ジャケットはつけない。いったん落ちてしまったら、なまじ浮力があるのがいけない。苦しみが大きくなるだけだ。プカプカしている中に、ボートだけが先へいったんでは、死ぬのに長びく。浮いていたって、見つけて助けてくれる相手がいないのだから……。それよりは、ライフ・ラインに身をまかせる。

バウ・ワーク（へさきでの作業）に難儀する。テンテコ舞いしているうちに、船があさってのほうをむきたがる。今日ばかりは、もうひとりクルーがいればなあとおもう。

オイル・スキンも、上を羽織るだけだ。こう揺れがはげしくては、ズボンまではけない。片脚ずつくぐらせるという動作が、どうしてもできない。そんな悠長なことをやっていたら、投げ飛ばされる。

グショぬれの衣類も、着がえるゆとりがない。それよりは、我慢して、作業を急ぐ。次から、次から、しなくてはならない操作が、ひきもきらない。

ハリヤード（マストにメンスルをあげるためのワイヤー）が切れそうだ。厚さ九ミリのベニヤ板は、ひっきりなしにバイブレーション（小刻みな震動）を響かせる。

セールをおろして、五〇メートルのロープを入れる。とにかく、船を立てなくては、危くてしようがない。

船は細長い。だから、サイドから風を受けると、ひっくりかえりやすい。どうしても、風の方向と平行にしなくてはいけない。これを〝立てる〟という。それには、ロープを流すのがいい。ひきずっているロープが、船を風のむきにひっぱってくれる。

保安庁だったかの規格だと、船の長さの三倍ぶんロープをひけばよろしい、とあった。〈マーメイド〉は六メートル弱だ。そんならロープは一八メートルということになる。ずっと余分に見て、まず五〇メートル流す。ところが、ぜんぜん立とうとしない。けっきょく、一〇〇メートルまで伸ばす。やはり、きかない。

風は二〇メートルくらいありそうだ。風速計を持っていないので、ハッキリはわからない。

キング・フイッシャー型は、いくらか角張っている。だから、実際より風を強く感じるかもしれない。にしても、一五メートルということはあるまい。

強風のため、ぜんぶセールをおろしても、まだマストとリギン（索具の総称）が風を受ける。ヨットはやけに振りまわされる。

ごつい表層流《ひょうそうりゅう》だ。波頭がくだけて、スプレー（しぶき）になって飛ぶどころではない。すごい風のおかげで、海面ぜんたいの流れとはべつに、表面だけの波がつっ走る。これが表層流（風潮《かざしお》）である。

こういうとき、教科書だと、シー・アンカー（イカリの種類）をバウから引くことになっている。イカリの抵抗で、舵効《だこう》が保てるリクツだ。

よく考えたが、ダンホース（イカリの種類）に四〇メートルのロープをつけて、スターンから流す。教科書とは逆である。〈マーメイド〉は軽い。だから、効きすぎるシー・アンカーだと、かえって船をこわす。しかも、マストは船の中心よりも前にある。それやこれやを考えて、ダンホースをスターンから引いた。異例だが、このほうが具合がいい。

だが、まだ十分ではない。波はひとつのむきからくるだけではない。だいたい、二方向から、ちがったヤツがくる。一度に双方を満足させるのはムリだ。どうやっても、きれいには立とうとしない。外洋では、ピシャッと立てるのは、不可能に近いんじゃないか。青息吐息のなかで、悲観的な結論を出す。

アカもりのすごさといったら、お話にならない。ここだけは大丈夫といえる個所が、ひとつだってない。四方八方、あらゆるところから、ジワジワともってくる。いまさらのように、つくった船大工のいい加減さに、腹を立てる。

一時間か二時間おきに、中型のバケツで七、八杯くみ出す。大急ぎで、パテもつめた。くみ出すスピードのほうが速いうちは、チン（沈没）することもあるまい。そう計算して、気を静める。この日、一日だけで、アカ汲みの総計は六〇杯をこえた。

クタクタになりながら、バウのサイドにある水はけ口にも細工をする。バウがつっこんだとき、そこからアカがぬけるようになっている孔だ。が、ちっとやそっとのぬけかたでは、追っつかない。大工道具をひっぱりだして、孔をひろげた。ひろげながら、あんまりいじくると、こんど売るときに、安くなってしまうかな、と心配する。

スターボードのクォーター・バースで横になる。と、いきなり、海水がガバッとなだれこんできた。頭から足の先まで、全身ズブぬれになる。とっさに、もうあかん！　チンだと直感した。

キール（竜骨）と艇体が、バラバラになったのか？　が、それにしては、ようすがおかしい。では、ボルトがはずれたな？　調べてみたが、カチッとしている。

あわてて見まわすと、寝ていた側の後部窓ガラスが、粉ミジンに割れていた。キャビンいっぱいの破片だ。やっぱし、ここがイカレたか。ヨッシャ！　とばかり、手持の板を押しあ

5月24日、3度目の嵐は台風3号。セールをおろし、スターンから50メートルのロープと、アンカーをつけた40メートルのロープを流す。巨大な波が横からあたる。スターボード側の後部窓ガラスが壊れ、海水がキャビンに流れこむ…

てる。

ドンピシャリの板を積んでいたんだ。いうなれば、金毘羅さまのご利益だった。前にも書いたが正月に、林さんとセーリングにいった帰りみち、高松港でぶつけられた時、左舷の窓ガラスが二枚とも飛んだ。金毘羅さんの前までいっておいて、おサイ銭をシブチンした罰だと、笑い合ったものである。

ほっておけないので、ベニヤ板で応急処置をして、的形へもどった。帰ってから、割れたところは、防弾ガラスにかえた。前から、スターボードの前窓は、有機ガラスにしてあったが、右舷の後部一枚だけが、ふつうのガラスのまま残った。やられたのはそれだった。

しかも、入れかえたあと、板は捨てずに積んであった。むろん、左右同形だから寸法はピッタリだ。おかげで、うろたえずに急場をしのげた。

あのとき、お参りして、サイ銭をあげていたら、どうなっていただろう。ぶつけられずには、すんだかもしれない。そうしたら、窓は三枚がふつうのガラスのままだったはずだ。とすると、破損はもっと大仕掛になったにきまっている。まして、すぐ役に立つ板などはなかったにちがいない。

おサイ銭をあげなかったのが、かえってよかった。さすがに、金毘羅さまは航海安全の神さまだ。

夜、夢のような、幻覚みたいなものを見る。キャビンのなかに、たしかにもうひとり、ぼくがいる。表では風が変わった気配がする。早く出ていって、作業しなくてはいけない。でも、ぼくはもうフラフラだ。一日じゅう働きづめだった。こんどは、アイツが仕事をする番だ。だのに、どうして出ていかないんだ？　ふとい野郎だな、とムッとする。ハッとして、正気づく。乗っているのは、ぼくひとりだ。だれもいやしない。しようがない。ノソノソ起きて、デッキに出る。嵐はつづいている。

荷物のアクロバット

5月25日(金)＝第一四日

午前5時、風がだいぶ落ちた。アンカーをあげる。北風を受けて、東北東に走らせる。波ばかり高く、風は弱いときている。

ええところなしや。（大阪弁。いいところがないよ）

それでも嵐は終った。どうやら、命は助かった。しかし、スタートしたばっかりなのにこれでは、ゆく先どうなるかと、まったく不安だ。

船のなかは、もうグジャグジャ。ステップのツール・ボックス（工具箱）にしまってあったものが、バウに転がっている。ポート（左）の棚に入れてあったはずが、スターボード（右）の棚から出てくる。手品みたい。オドロキである。

でも、からだが弱っているので、整理は簡単にしておいて休んだ。

荷物のアクロバットには、あきれかえる。キツネにつままれたみたいだ。右の棚から左の棚へ、左から右へ、品物が空輸されている。おもいちがいのはずはない。わかりやすいように、ちゃんと分類して入れといたんだが、薬品類はスターボードのバウ寄りとか、本はボートのスターン側とか……。それが、すっかりミックスしてしまっている。ありえないマカ不思議だ。

棚は舷側の内側、バースの少し上につくってある。一度下に落ちて、それからむこうにはいあがったとは考えられない。空中ブランコみたいに、じかにジャンプしたと見当がつく。

それにしても傑作なのが、ツール・ボックス（工具箱）の中身である。これはハッチのすぐ下に、たてについている。庖丁さしの大きなヤツ、とでもいったらいい。上からさしこむようにしなくては、なかに入れられない。おまけに、簡単だけれど、フタもある。そこにしまってあったものが、バウの隅っこにころがっている。まったくのマジックだ。

嵐の最中は、荷物がひっくりかえろうと、全然無我夢中で、悲壮もいいところだった。今や嵐のあとの静けさをよいことに、魔術のナゾを推理してみた。

太平洋の波は巻き波である。漫画に出てくるあの形だ。ネコの爪みたいになっている。片側から、垂直に近いくらいの角度で、グイッと盛りあがる。のぼりきったところは、三角山のテッペンのようなトンガリだ。それが反対側にせり出して、曲っている。そして、そこまでしかない。

テッペンの下はガランドウである。絶壁なんてもんじゃない。逆にのめりこんでいる。波にのしあげたボートは、さかおとしに空中をダイビングする。

ジャンプしかかる瞬間、うしろに引いているアンカーの力が、グッと加わる。体落としになろうとするボートの尻を、アンカーが下からひきさげることになる。艇はそこで、ガタンとあごを上にのけぞる。

そのときではないだろうか？　ツール・ボックスのなかの荷物が、ま上に跳躍したのは……。それでなくては、はるかかなたのへさきに引っ越す道理はなさそうだ。

ぼく自身、おなじだった。ゆれがひどいときには、タテになっていられない。横になっていないと、どこかにふっ飛ばされてしまう。

バースに寝て、肩先、ひじ、ひざ、爪先などで、サイドを突っ張る。つっかえ棒をして、ころがされるのを防ぐわけだ。ふだんのヒールなら、これでなんとかなる。だいたい、ヨットは一五度から、二〇度のヒールが、原則になっている。しかし、今回はとてもじゃない。

第一、ピッチングしているのか、ローリングしているのかさえ、さっぱりわからない。それほど、すごい。天地左右があいまいなんだ。あおむいているのか、横むきなのか、うつむけなのか？　頭があがっているのか、爪先が高くなっているのか？　まるで無重力状態である。むろん、ごつい船酔いだ。

船酔いというヤツ、なんともシンドい。滅入って、だるくて、めんどくさくて、何をする気も起こらない。

バウに飛んでいる本を、拾いにいこうとおもう。おもいはするんだけれど、すぐに、まあ、あとでいいやと、ブレーキがかかる。今日こそは……明日こそは……けっきょく、かわいそうな本は、十日間もバウから拾われずじまいだった。

ぬれて、腐って、イヤな臭いがした。グラビアのページは、はりついてしまって、はがしようがなかった。

それにしても、やせた。キャビンにとりつけてある鏡は、なるだけ見ないことにしている。ゆれているなかで鏡を見ると、気分がおかしくなる。

ぼくの体重計は右の手首だ。左の親指と中指をまるくした太さが、ぼくの標準体重である。この頃は、爪のぶんだけ重なっている。

先を急ぐあせりは激しい。でも、シングル・ハンドのトランス・オーシャンでは、体力だけが頼りだ。ガムシャラに頑張らないことにする。とにかく健康第一。ハイ・ペースは禁物である。

レースとはちがうんだ。五日や十日ぐらい遅くなったって、問題じゃない。つねに限界ギリギリまで根をつめるなかれ。ワン・ポイント落としていこう。張りつめていると、切れやすい。

そう考える。だけど、なかなか悟りが開けない。どうしても、先を急ぎたくなる。ジリジリする。懸命に押さえる。意識して、「消極戦法、消極戦法！」と自分にいい聞かせる。

今日は休養だ。

5月26日（土）＝第一五日

風がない。セールは波にゆられてバタンバタン。

それでも、午後になって、西からの微風が吹きはじめる。しめた、とおもったら、夜とともになくなってしまった。

朝から、のどの渇きが激しい。気圧は一〇二二ミリバールときいている。なんともやりきれない。二日に一本（小ビン）のはずのビールを、きょうは一日で二本も飲んだ。予算オーバーだ。

それはともかく、あとで大変なことを発見。清水を入れてあったビニール袋が、いくつか破れている。嵐のせいにちがいない。もちろん、中身は減っている。調べてみると、六八リットル積みこんできたのが、ぜんぶで一八リットルしか残っていない。大ピンチだ。

エー、まあ、いいや。そのうちには、雨も降るやろ。海には、水がたくさんあるしな。

やっと、元気が回復した。異常がないか、どうかを確認する。艇のほうは大丈夫だ。ところが水に珍事が発生していた。

でも、はじめこそ、ドキッとなったものの、すぐに気をとりなおす。はじめからの計算が計算だ。これまでだって、清水にはそう頼らないできている。雨水の現地調達も、予想以上にはかどる。悲観するにはあたらない。

ついでに検査すると、モヤモヤしたものが浮いている袋が、いくつかある。透明なビニールを使ったのが、まずかった。光線を吸いこんで、なにかが発生したらしい。不潔だし、気色が悪い。中毒でもしたら困る。おもいきりよく、捨ててしまう。悲壮な感じはない。もう万一、これっきり雨が降らなくても、残りのぶんと、フルーツのカンづめ、ビールなどでやっていける。暗算で確かめる。

シケばかりつづくので、いくらかでも荷を軽くしたい気持もあった。

海水を手軽に蒸溜する方法は、ないものかなあ。ボンヤリ、そんなことを考えた。

5月28日(月)=第一七日

午前4時、嵐はますます激しくなる。アンカーを入れた。こんどは、ロープを一〇〇メートルにのばす。

キャビンのなかはズブズブだ。着がえもぬれてしまった。寒くてやりきれない。寒さと心配と孤独のため、発狂しそうだ。気休めにウイスキーを飲む。しかし、からだが少し温まっただけ。そこで、ウイスキーとブドウ酒、ビールを、チャンポンにやる。はたして悪酔いする。おかげで、だいぶ気分がまぎれた。だけど苦しい。

気圧は下りっぱなし。嵐は出発してからもう四度目だ。これから先、どうなることやら、ほんとに不安である。

また、シケだ。ものすごく寝たい。でも、眠れない。精神的な悪条件が、ワッと重なった。どうにも気分が持たない。

太平洋をひとりでわたるさびしさは、出発の前に想像していたのとは、まるでちがう。「さ・び・し・い」なんて、そんな単純なものではない。あらゆるつらさがミックスしたのが、さびしさである、ジッとしていられないほど、気分を攻めつける。まぎらわしようがない。ほんとうに、狂いだしてしまいそうだ。

とことんまで痛めつけられた神経を、なんとかするには、頭の体質を変えてしまわなくてはダメだ。どんなふうにでもいい。とにかく、転換しなくては……。このままでは、いけない。

が、方法がなかった。おもいついて、アルコールで悪酔いすることにした。ぼくは酒が好きじゃない。それに弱い、飲んで苦しくなれば、少しは重圧からそれるだろう。欲も得もない。やりきれないドン底だ。悪酔いの不快感が、ひどければひどいほど、いまは救いである。悲壮だった。

「すんだら飯食わしたるさかい」

5月29日（火）＝第一八日

午前4時、風が少し落ちた。シー・アンカーをあげる。しかし、その重さいうたら、しんどいかぎりだ。「これあげ終わったら、グリコ・コーラを一本飲ませたるさかいにな」と、自分に言いきかせる。

セーリングにうつった。だが、すぐに天候はぶりかえす。嵐のつづきだ。どうも、さっきのは、ほんのひと休みだったらしい。

メインを第二バテンまでリーフする。ジブはやめる。ティラーを固定して、キャビンに入る。はじめ、船はNE（北東）をむいていたが、ジャイブ（主帆を張ってあるむきが、反対側の舷にうつって、風下へまわる）して、W（西）の方向に走っていくようだ。しかし、もう、ほっとけ。

27日からの疲労がたまって、からだを動かすのがきつい。

いつも、ひとりぼっち。でも、たえず、自分と話をしている。ひとりごとではない。対話だ。一人のぼくはグータラで、甲斐性なしである。かたいっぽうは人使いが荒いけれど、シッカリしている。あとのヤツがいい負かすのでなくてはいけない。

「仕事しィや」

「しんどいねん。もうちょっと休まして」

「あかん、あかん。仕事が先や」

「イソゴーやなあ」

「なんでもええ。はよ、し。すんだら、飯食わしたるさかい」

「さよか。んな、やろかいな」

…………

「どや？　おいしいやろ？」

「こんなもん、うまいことないがな。ほかのもん、ほしい」

「そないなこと、あるかいな。うまいでえ。うまい、うまい」

「そうでもないで」

「うまい。うまい。うまいやないか？　どうや？　うまいやろ」

「フン。そない言われると、なんや、うまいみたい気ィしてきたわ」

「そやろ。こんなおいしいもん、よそでは食えへんで」

「うまい、うまい」

「なんか、ほかのもん、ほしいか?」

「いらへん。これがいちばんええわ」

5月30日(水)=第一九日

西に変わったので、ツインをあげて走らす。風波激しく、スピン・ポール(円材)の金具二か所破れる。

風はやがて北にシフトし、ついで東に変わる。ストーム・ジブとメインで走る。こんどは北に変わる。しかし、夕方には、セールがバタンバタン。疲れているので寝る。


いつの間にか、あたらしい帆走法を発明する。追手のときのツイン・ステースルの使い方だ。ツインは二枚でセットになっている。だから、ひとりだとあつかいにくい。片一方だけ使ってみたら、と考えたのがヒントになった。

ぼくはリグ(帆装)をあまりたくさん持っていない。で、並の風だと、セール面積の足りないことがある。安全だけれど、のろくてムシャクシャする。

メインをあげておいて、ツインの片一方だけを張ってみた。メインはランニング(追風)に出しておく。ツインの一枚をマストの風上側にあげる。すると、観音開きになる。風をつかまえるセール面積がひろがる。

ただし、これだと、メインのほうが大きいから、どうしてもバランスが悪い。風上へまわりたがる。それを押さえるために、ツインを張ってあるサイドのバースに寝る。体重で方向をとらせる。これだと、ティラーをまっすぐにくくっておけば、だいたい、いきたいほうに走る。寝ながら、距離をかせぐには、とても便利だ。

このシステムには、もうひとつ、いいことがある。ツインを二枚とも張っていると、風がきつくなったときに、もろに受けてしまう。うまく風を逃がさない。眠っているあいだにそうなると危い。が、こんなふうにしておけば、自然に風を逃がす。ただ、この場合、あまりからだを動かしてはいけない。これが、いくらかめんどうだ。

寝かたも、ずいぶん工夫した。ボートが小さいから、体重がかなり影響する。つねに、自分もオモリのひとつだということを、計算していなくてはいけない。

風によって、スターボードに寝たり、ポートに移ったりする。風上側にいて、ウェイトをきかせるためだ。眠っていてもボートのバランスには役立とうと心がける。

右でも、左でも具合悪いときには、針路と直角に寝た。左右のバースは、パチンと板をはめると、つながるようになっている。そこへ、頭と足先が両舷にまたがる格好で、横になる。床は、しょっ中、変わった。

こまかすぎるセーリングかもしれない。しかし、スナイプ育ちのぼくは、そうしないではいられなかった。

5月31日(木)＝第二〇日

太陽が高くなってから起きる。風は南に変わっている。微風なので、セールはふくれたり、つぶれたり。

出発以来、ほとんど二食だ。きょうは朝食に、カレー・ライスをはじめて食べた。カレーはぼくの大好物。楽しみにして、カンをあけた。中身は、レッテルの絵と、あまりにもちがっていた。それでも、とにかく食べる。ゴッツォハンデ（大阪弁。ごちそうさまです）。

天候は申しぶんない。干しものをしたり、スピン・ポール（円材）を修理したり。昨日の夕方から、この夕刻までに、二〇マイルほど走っただけらしい。一日じゅう風がなくて、食事するにも気がひける。

夕方の経度は、一四九度三〇のあたりらしい。

朝、船底を調べるために、ハダカになって海につかった。ラダーには、貝のようなものが、かなりついているし、ボトム（船底）にも、なにかコケみたいなのや、豆に似た形のヤツが育っている。

棒タワシでゴシゴシこする。なかなか、とれない。寒くなったので、デッキにあがった。

ガタガタふるえる。そのうちに、暖くなって凪ぐ。手入れしないと、だいぶスピードに影響してるようにおもわれる。それに、船底のフィン・キールはどうなっているんだろう。心配になる。一〇二〇ミリバールの高気圧におおわれているので、まったく快適だ。それに、ラジオも北海道のがよく入る。

それにしても、太平洋だというのに、瀬戸内《せとうち》を走っているように、風の変化がはげしいこと。もっとまともな風が吹いてくれないと困る。先が不安だ。出てきてから、もう四回も嵐に遭うなんて。早く、この三陸沖から逃げ出したい。しかし、この風では時速一マイルぐらいで、お話にならない。

夜になっても、南からの微風のため、アビーム（風にむかって横走り）にて東へ走らす。夜空がすばらしく美しい。ロマンチックな感じだ。

たびたびの嵐で、なにもかも、ぬれてしまった。もともと、洗濯や干しものなんか大きらいだ。まして、太平洋まできて、そんな所帯じみたこと、バカバカしくてできやしない。そのつもりで、衣類はしこたま準備してきたんだ。はき捨て作戦である。

でも、そんなノンキなことも、いっていられない。日に何回も、何回も着かえなくてはならなかったので、捨てるわけにはいかない。

なにしろ、気分が悪い。水をかぶらないときでも、肌までベチャッとしている。腹の底までぬれた感じだ。やりきれないので、どうしても、しょっ中かえる。着がえるという作業も、ほんとは性に合わない。おまけに、ゆれているなかでの着がえは、やたらにまだるっこい。ことに、サルマタは骨が折れる。

それでも、嵐つづきでは、替えずにはいられない。ぬいだのは、パッとキャビンにほかす。すぐ山になる。ひとかかえずつ、スターンの入れものにつめる。とうとう、着るものがなくなった。

晴れたが、洗濯はご免だ。せめて干しものだけでもやることにする。なくては困るものから、デッキにならべる。スリーピング・バッグを裏がえしておく。毛布もひろげた。ズボン、ジャンパー……まるで、古着屋の虫干しだ。

下着は汚れているわけでないから、着て乾かすシステムにきめる。

いちばん難儀なのは、寝袋だ。その場では乾いたみたいでも、夜、入っているとシットリしてくる。塩分がついているので、湿気を呼ぶんだろう。いつも、ぬれた中で寝た。ついには、底のほうにカビが生えた。

朝、凪ぎのあいだ、ボンヤリしていても、つまらないから、ボトムを調べる。

だれも見ているわけではない。しかし、キャビンにかくれて、海水パンツをはく。ジブ・シートのリーダー（デッキの両側についている金具。索をとめる）から、ライフ・ラインを七メートルばかり引く。海に入っているうちに、ヨットが走りだしては、オシャカになる。グルリを、しきりに見まわす。サメがいないか、よく確かめる。爪先からソロソロと入る。飛びこむのは、中耳炎のもとだ。

道具は〝棒ずり〟と、カンづめの空カンを板にたたきつけた手製のヤツだ。片手でハルを押さえながら、底のほうまでガリガリやる。

サメを警戒して、キョロキョロしてばかりいる。疲れる。それに寒い。ときどきあがっては、また入る。

ポートをやって、スターンにまわる。こんどはスターボードへいく。水が冷たい。胸の筋肉がキュッキュッと、ケイレンするみたいにふるえる。シンドくなって、途中でやめた。ライフラインはつけていたけれど、太平洋で海水浴をしたことになる。別に変わったところもない。背が立たないかぎり、どんなに深くったって、海は海だ。水深二メートルも五〇〇〇メートルも、似たようなもの。浮かんでいる人間にとっては、おなじである。どうせ、下のほうには用がないんだから……。そんなことに気がついた。

出港して日本近海をぬける20日間のあいだに4回も嵐に遭遇。5月31日、晴れ、南の微風。時化でぬれた寝袋、毛布などをデッキで干す

走れ、走れ!

風よ、もっと吹け!

6月1日(金)=第二一日

快晴。

夜のあいだに、風は南から北西に振っている。S~SWをむいて、進んでしまったらしい。これはいけません。さっそく、ツインに変え、追手にして走らす。しかし、風弱く、船速出ず。

気圧計は一〇二三ミリバールをさす。

けさ、サメとすれちがった。あんなのに体当たりされたら、一巻の終りだ。

鳥がこのへんに多いのも、おどろきである。

朝食には、カンづめの焼肉を温めて食べる。うまい、こりゃ、いけるわい。

そのあと、昨日につづいて、洗濯と、干しものをした。

NWの風があんまり平和すぎる。このあたりで、一気に経度一五〇を突破して、一六〇度を目指したい。

風よ、もっと力強く吹いてくれ。

夜に入って、風がふりまわす。おかげで忙しい。なかなか寝かしてもらえない。

きょうは、やけに鳥が多い。どうしたわけなんだろう。鳥の名前にはヨワい。たぶん、海ツバメと見当をつける。小さな鳥だ。みんなおなじような格好をしている。

なんだか、あわれな気がする。魚をとって生きているんだろう。けれど、一度も、つかまえるところを見たことがない。ずいぶん率が悪そうだ。あれで生活できるのかしら。

海が荒れたら、どうやって寝るんだ？　へんに気にかかる。

このところ、実際には、よく走っている。たしかに、そうおもう。しかし、いままでのかせぎがひどすぎる。だから、あまり進んでいるとは感じたくない。だまされねえぞ。そういう気持だ。期待は失望のもとになる。あとでガックリするくらいなら、はじめから楽観しないほうがいい。

天測は、あまりやっていない。十日に一度ぐらいでいい。どうせ、ぶつかるものなんて、ありゃしない。ミッドウェーのちょっとこっちに、一か所だけ浅いバンク（浅瀬）があるはずだ。といったって、一八メートルの水深だと読んだ。〈マーメイド〉は二メートルでよろしい。

だから、十日に一度ぐらいしか、セクスタントをいじらない。ポラリスの高さで、緯度を見る。北に寄るほど、北極星は上にくる。赤道上からだと水平の位置、北極に立てばま上になる。見あげる角度で、北緯なん度かが出る。

でも、セクスタントよりは、方探が手っとり早い。あちこちにむけて、電波をキャッチする。各局の方角から、逆に線をたどれば、交差するところが、こっちの現在地点だ。ラジオも航法に役立つ。機械をグルグルまわしてみる。いちばんピシャッと聞こえるとき、受信機は発信局に正面をむけている。あまり遠い局の場合だと、ゆがんで角度がブレる。それでも、おおよその見当はつく。

ぼくは北緯三七、八度から四〇度あたりを、ともかく東に走っていれば、だいたい、まちがいはない。どっちみち、サンフランシスコに近いアメリカ西岸に着く。行きすぎる心配は、ぜったいにない。ただ、あまり北に寄ると、フォッグ（霧）のきつい海域に入ってしまう。これさえ気をつけていれば、まず安心だ。

昼間、目で見てセーリングしているときは、目的地にむけて、まっすぐに走らす。眠るときは、なるべく南へ寄るようにする。そうするほうが、マイナスを食らう心配が少ない。

緯度を知れば、経度は軽い。ふつうは、子午線正中時に、太陽を測る。その地点で、陽がいちばん高く昇る時刻だ。政治的にきめられた人工の午後零時でなく、地理上の正午である。あるいは、日の出のときでもいい。太陽の場所を観測する。天測略暦とにらみ合わせる。方探と重ねてみる。これで、おおまかな経度がつかめる。経度で、太平洋横断のピッチがわかる。

略暦やほかのデータは、日本製のを持ってきた。むろん、日本時間になっている。照会の都合で、ぼくの時計は、西宮を出たときのままだ。時差がひろがって、そろそろ、現在地の気象と合わなくなってきた。感覚がついていけない。時計の針と朝晩が、チグハグなんだ。

しかし、出勤の定時があるわけではない。人と待合わせもない。時刻のほうは、天測だけのためにとってある。生活はお天道さんまかせだ。日が暮れると寝る。あかるくなったら起きる。まったくの原始人である。睡眠時間は、計十時間ないし十一時間にもなる。

ズボラに暮らしている。天測もいい加減なものだ。だから、ときどき、天測で現在位置を確かめるまでは、進みようを内輪に、内輪にと見積もる。ワン・ポイント落とす。ひかえめに、少なめに見て、安心を追っ払う。喜ぶのは、つねにあとにする。

6月4日(月)=第二四日

朝、起きてみると、ふたたび風が落ちている。リーフをとく。しかし、風はいよいよ弱まる。うねりだけだ。バタンバタンとセールが鳴りだす。

ゆうべから、胃腸の調子が悪い。朝食は、クッキーとブドウ酒を少々ですます。あと、夕食までぬくことにする。頭もいくらか痛む。セデスを飲んだ。

午後になって、風はSEより吹きはじめる。わが〈マーメイド〉は東にむけて走りだす。

おなかの故障が、いちばんこたえる。少しぐらい腹が減っても、早くなおすに越したことはない。食餌療法でいく。

6月5日(火)=第二五日

午前2時、コンパス・カードを見る。おどろくなかれ。進路がNになっている。風が落ちたため、ベアリング・アウェイ(風下をむいての方向転換)したらしい。

朝食にポーク・ビーンズのカンをあけた。レッテルの絵とはかなりちがって、ビーンズ(豆)が大部分だ。しかし、ほんのちょっぴりしかないポーク(豚肉)の実にうまいこと。これはほんもののポークである。それに、ビーンズだって、なかなか悪かない。田中君、サンキュー!

風がでてきた。快走、まったくラクチンだ。この風が切れずに、吹いてくれますよう。お母ちゃん。

カンづめのレッテルには、毎度ながら、ウッチャリを食う。こんなところで、だまされるとは……! しかし、怒ってはいけない。絵よりも中身がいいんだ、と自分を納得させる。うまい、うまい。そう不平は残らない。

カンづめ料理は、ナベを汚さずにすむのがありがたい。食器洗いなんて、大の大嫌いだ。それに、スターンから手をのばしてやるので、かなり危い。

その点、カンづめはナベつき? だからいい。いきなり、コンロの火に、直接カンを載せてしまう。下のほうが温まったら、さかさまにひっくりかえす。そのままおくと、沸騰して爆発する恐れがある。ころあいを見はからって、フタに二つの穴をあけてやる。煮えたら、パッとおろす。カンを切る。実に便利だ。食べ終ったら、空カンはポイである。

6月6日(水)=第二六日

ゆうべから、少し胃が重い。シロンを飲む。風はわずかずつだが、南に振っている。夕食は、アルミのクッキング・ホイルを使って、コンビーフを温めてみた。最高の味である。

夜、風波だんだん強くなる。メイン・セールを徐々にリーフ、第二バテンの下までにした。

6月7日(木)=第二七日

夜明け、風がSになる。風力は三ぐらいだ。リーフを解き、アビームでEへ走る。

朝の現在位置は、東経一六二度のあたりらしい。

6月3日にタッキングして以来、快調に走っている。いままでの遅れを、一気にとりかえせた。

朝食をとっていたら、船底から変な音が聞こえてくる。見ると、フカが何十匹も船のまわりを泳いでいる。ボートについてくる小魚を食べにきたようすだ。ぶきみなこと。コツンコツンとあたる。力いっぱいぶつかられたら、九ミリしかない底板はバリンだろう。日没後、アビームの保針がむずかしくなる。ツイン・ステースルに変える。が、強風のため、ぜんぶをひとりでやるのに、大骨を折る。

夜に入って、微風となる。

このところ、すごいピッチできている。ことに、きょうまでの四日間は快調だ。五十分の一のペースがつづく。いつもこうなら、五十日でシスコに着くんだが……。

風やら、凪ぎばかりが多すぎた。しょっパナから、大阪湾で三十時間以上も浪費している。想定したペースから、どんどん遅れるばかりだ。プランニングに疑いがわきかかっていた。計画に狂いがあったんではないか？　自信がグラつきだしたところだった。

マイナスをとりもどせたのが、実にうれしい。走ったという喜びだけではない。プログラムがそうインチキでなかったと、自分への信頼を持ちなおせたのが、なによりも力になる。あかるい気分だ。ゴキゲン。

よし、これならいけるぞ！

久しぶりで、太陽も出ている。光がふんだんにある。だから、海の色もあざやかだ。フカがハッキリ見えたのも、そのせいだった。おもえば、これまで、海をながめたことなんか、ほとんどなかった。一〇〇〇マイル走ってきて、やっとしみじみ見る海景色である。

6月7日、ツイン・ステースルをあげ快調につっ走る。嵐や凪ぎで遅れていたがマイナスをとりもどせそうだ。久しぶりに太陽も出ている。走れ!

見わたすかぎり——はオーバーだけれど、そこらじゅう、フカの群だ。五〇匹ぐらいはいる。二メートルから三メートルぐらいのデカいヤツばかり。絵本のフカとちがって、すごくボリュームがある。魚というよりは、武器のような感じがする。

顔がよく見える。実に無表情である。魚というものは、だいたい、ソフトな顔つきをしている。だが、こいつばかりは冷酷なポーカー・フェイス？　目を半眼にして、ジロリッと見る。鉄仮面をかぶったギャングみたいに、血がかよっていない、ちっとも、かわいくない。

船にぶち当たったら、むこうはケロッとしていて、こっちがバリン！　そんな気がする。ボートのすぐ横、一メートルぐらいのところを泳ぎまわる。背中に硬そうなヒレがついている。これが水を切る。気味が悪い。

カメラをむける。スーッと進まないで、ピョンピョンとダイビングしながら泳ぐ。ちょいちょい海面から、飛びあがる。そのリズムが一定していない。シャッター・チャンスがむずかしい。こわかった。

外洋にきたせいか、日没前後になると、きまって風がきつくなる。夕凪ぎではなくて、夕荒れだ。夕食をすまして寝ようとすると、かならず強く吹きはじめる。

ほんとうなら、フル・セールで飛ばしたいところだ。しかし、かならずリーフする。セーフティ・ファーストでいこう。

四〇マイルの赤字だ

6月9日(土)＝第二九日

夜明け、コンパス・カードを見たら、SWをむいている。夜のあいだに、風がWに変わったんだろう。さっそく、ツイン・ステースルにした。とおもったら、まったくの無風状態となる。

ローリングが激しい。メインもいっしょにあげて、シートをひきよせる。いくらかローリングをカバーできた。

約一時間して、Wから順風がくる。走りだす。

きょうは、船の修理をした。

夕方、風はだんだん落ちる。

大醜態をやらかしてしまった。夜中に一度は目をさましていながら、なんという不注意！　ちょっと起きたとき、ボートは快調に東へ走っている、とおもった。波を切る感じが、とてもいい。いってる、いってる。安心して、コンパスを確かめなかった。

ゆうべ遅く、風が変わった。ややS寄りのEだ。パッパッとクローズ・ホールドにして、Eに直進する。そのまま、寝てしまったんだ。

夜明けごろ、コンパス・カードを見て、ハッとした。SWをむいているではないか。これでは逆もどりである。しかも、快走中ときている。ごつい皮肉だ。

夜のあいだ、風が時計まわりに振っていたにちがいない。それも、ソロソロと……。急に変わったんなら、気づかないはずはない。東南東だったヤツが、少しずつ時計の針なりにむきを移動したんだろう。波が静かだったのも、見逃した原因のひとつだ。荒れていればわかったものを、とヤツ当たりしたくなる。

たぶん、二〇マイルはバックしてしまったとおもわれる。往復で四〇マイルの損失にあたる。といっても、実際には、いきなり反対をむいたわけではない。徐々に振っている。だから、四〇マイルも赤字を出した計算にはならない。

しかし、逃がした魚は大きかった、と見積もるほうが、あとの励みになる。「四〇マイル！四〇マイル！」と舌打ちする。チキショウメと歯ぎしりしているうちに、カッカと頭にきてしまった。そうなっても、怒る相手がいない。しかたがないので、怒るのはやめる。

コンパスは、機会があるたびに確認すること。フィーリング（感覚）をあてにしないこと。これは教訓とする。そして、罰として、船の手入れを厳命した。

シャックル・ピンをしめなおす。いくら気をつけていても、ゆれているうちに、甘くなっている。ピンが飛んではたいへんだ。ターン・バックル（ワイヤーを中継して、ピンと張らせるネジつき金具）のネジも、きつくする。そのうえで、ひもで上下をつないで、補強する。

もし万一、ターン・バックルが切れても、バラバラにならないための安全索である。

ワイヤーのサビを落とす。グリス・オイルを丹念にやる。ジブのハンクス（通し環）も磨く。油をくれる。動かなくならないように、スプリングを運動させる。

ブロック（滑車）の磨滅を調べる。ローラー・リーフィングやトッピング・リフトの金具も、やせ具合を検査する。トラベラー（シート末端のとめ輪）にウエス（ボロぎれ）を巻きつける。

シート（ロープ）のつけかたも変えた。無風でセールがバタンバタンしていると、ロープがあちこちへ動いて、だんだんすり切れる。いつも、おなじところがブロックに当たっていては、そこがやせてしまう。だから、とめてある場所を移動させる。

つなぎかたをずらす。つっこむ方向を逆にする。メイン用とジブ用を交換する。こうやっておけば、まんべんなく消耗するから、切れにくい。スペアはある。でも、大事に使うに越したことはない。

ティラーの〝遊び〟も修正する。ラダー・シャフトとつないでいる金具にちょっとしたゆるみがある。すると、ティラーを操作しても、その動きがそっくりはラダーに伝わらない。大したことではないが、ガタガタして気色が悪い。

で、金ノコギリの刃を、穴の隙間にグッとさしこむ。いっぱいに突っこんでおいて、ポキッと折る。これで〝遊び〟がなくなる。舵はよくきくようになった。

6月10日(日)＝第三〇日

夜明け前から、強風となる。が、昼近く、順風と変わり、日没前、NWの強風にシフト。東への保針がむずかしい。SEに針路をとる。

現在位置は、北緯三八度、東経一六五度とおもわれる。

出発してから、ちょうど一か月たった。馴れたという実感が、どうやら身についた。まっ暗闇のなかでも、風によって臨機応変に、からだが動いてくれる。いちいち頭を使わなくてもいい。反射的に、手や足がセーリングをまかなう。自分の鼻や耳をかくみたいなもの。といっては〝ペンペン〟かな。

バースのなかのベンチレーション（換気）にもなじんだ。独特の臭みも、苦にならない。よく眠れる。

はじめのころ悩まされた便秘と下痢のくりかえしとも、もう縁切りだ。時間は不規則だけれど、三日に二度、元気なヤツが専用のバケツに落下する。発走時が一定していないのは、むかしからである。

大便のときは、コックピットでしゃがむ。せまくて、箱みたいになっているから、からだを支えるには絶好だ。ゆれても、安心して専念できる。

もうひとつのほうは、太平洋の立小便である。ときによって、バウに立ったり、スターン

出港から30日目、6月10日。日没前、NWの強風にシフトした。真っ暗闇でも風によって身体が臨機応変に動いてくれるようになった

でかまえたり……。ステイを片手で握って、ギリギリまで身を乗り出す。これは安定が悪い。手が離れたら、あの世行きになる。しかし、船を汚すのは忍びない。水をガボガボ飲んでいないので、日に四回どまりだ。

6月13日(水)=第三三日

例によって、朝からフォッグが濃い。視界が悪い。太陽はぜんぜん顔を現わさない。

ここ数日、コックピットには出ていない。一日の大部分をキャビンで暮らす。

夜、ハッチからヒョイとのぞいてみる。と、二、三マイル沖を汽船が走っていた。電灯をあかあかとつけて……。こっちは昼も夜も、完全に無灯だ。それに、見張りもいない。

風がよく変わる。ボートはNをむいたり、Sをむいたり、イヤになる。

汽船には驚いた。まず、電灯というものが、すごく明るいのに、ビックリ仰天する。あたりの空や海が、染まっているようにさえ見えた。それから、これはいかん、とギョッとなる。わざわざ、本船の航路をはずしているつもりなんだ。ウッカリはできない。

こっちは、とっくに文明の照明とは、関係なしだ。はじめのうちだけ、ハリケーン・ランプをつけていた。でも、船がくるたんびに、いちいち消さなくてはならない。本筋とは話が逆だろう。といっても、これはしかたない。そのうちに、そんなめんどくさいことをするのが、イヤになった。つけなくても、べつに困らない。そんならと、いっさいつけないことにした。

航海灯などは、もともと持っていない。無灯ドライブだ。

キャビンでもランプは、ずっと使わない。めんどうなのが第一である。油も節約したい。見つけられないためも、少しはある。日が暮れたら、眠ればいい。原始生活のほうが、気が軽い。明るくしたいなんて望みは、消えてしまっていた。

夜の作業にも、懐中電灯はいらない。なんでも、手さぐりでポロンチョンだもの。

6月14日(木)=第三四日

毎日毎日、キリとモヤで視界がきかない。一日じゅう、ジメジメしている。

でも、風はSWから風力二前後のが吹いてくれる。スピードはあがらないが、ツイン・ステースルで走れる。

ここ数日、涼しい。ビールを飲まなくてもすむ。大事にとっておこう。そのうち、暑い日がくれば、予定以上に飲みたくなるのが人情だから……。

ラジオは昼のうち電波悪く、雑音が多い。どうも聞きにくい。でも、夜はよく入る。

日付変更線を越える

ありがた迷惑な汽船

6月15日(金)＝第三五日

正午前（日本時間）子午線正中時が近づく。折よく、太陽がめずらしくのぞいた。天測をしようと、セクスタント（六分儀）をかかえて、キャビンからあがる。と、北側五マイルのへんに、汽船がとまっている。天測をやっているうちに、東のほうへ去っていった。

どうやら、さっきは、このボートを心配して、止まったようすだ。が、人影が出入りしてるのを見て、走りはじめたらしい。どうも、ご心配かけて申しわけございません。

波が高く、天測よくできず。それでも、北緯三八度二〇分、東経一七二度ぐらいと見当がつく。まったくのフィーリング（感じ）だが……。少し暑い、しかし、からだの調子は順調だ。すごく元気。

あと四、五日で、日付変更線に達する予定である。どうやら、三分の一を走ったことになる。ママアアというところか。

汽船が行ってしまったので、ホッと胸をなでおろす。心配して、止まってくれた好意には、感謝する。しかし、ありがた迷惑だ。止まってくれないほうがいい。

止まっているあいだ、「あんたら、損やで、損やで」と心のなかで唱える。止まっていたって先方は一個も得しない。少しでも寄り道すれば、それだけ航海が長びく。そうすれば、セーラーに払う金も高くつくだろう。借りている金の利息も、かさむかもしれない。そんなイヤみを考えながら、目立つようにデッキで動く。

そのくせ、行ってしまったあとでは、心の片隅で、ふとひがんでいる。ずいぶん冷淡じゃないか。もし、ぼくが漂流者で、水も食糧も持っていないとしたら、あんたらは人殺しの一種やで。

6月16日(土)＝第三六日

セールのシバー(パタパタとあおること)する音で、起こされた。まだ、日の出前だ。

かなりの強風である。さっそく、ストーム・ジブに変え、メンスルを第二バテンの下までリーフする。

バロメーターはグングン下っていく。低気圧のなかに巻きこまれたらしい。小山ほどの波が目にかぶさってくる。外を見ていると心ぼそくなる。スリーピング・バッグにもぐって、寝てしまう。

一日じゅう、嵐やまず。ボートはオーバー・ヒール（傾きすぎ）して、風下のウインドウは水族館になる（水面下にもぐる）。食事はクッキーと、ワイン。波は一五から二〇メートルはあるとおもった。

風がヒュンヒュン鳴って、眠れない。


リギンがうなったり、セールがシバーしだしたりすると、パッと目が覚める。どんなに熟睡していても、だ。早くリーフしろという警報である。そんなときは、寝起きがいい。

眠るときは、たいてい、ジブをしめぎみに、メンスルをゆるいめにしておく。これだと、保針がうまくいく。ティラーはゴムひもなどで固定してある。

そのうち、風が強まるとする。当然、ラフする（風に切り上がる）。と、ジブはしめてあるから、メインがシバーする。パタパタ、パタパタと、小刻みにあおりはじめる。さあ、起床だ。

風が吹きはじめると、またたく間に、波が大きくなる。そのスピードが、近海とちがって、

バロメーターの目盛りがどんどん下がる。低気圧に巻きこまれたらしい。ボートはオーバー・ヒールして風下の窓は水の下にもぐる。波は15から20メートルはあるとおもった

ものすごく速い。アッとおもううちに、大波がきている。ほんとなら、風が吹くから波がおこるはずだ。それなのに、太平洋の波は、風より先に襲ってくるようにさえ感じられる。

そのうえ、風の強さに比べて、波が法外にきつい。必要以上に大きい。プラスが少なくて、マイナスばかり多い。

激しい波が先にくる。まず、邪魔される。こっちがほしい風は、あとからゆっくり到着する。利息だけ先にとられている。借りもしないうちに、利息を払わされる。反対である。近海なら、風がまずきてくれる。金を貸してもらえるわけだ。波はあとから現われる。借りてからの利息といえる。これならいい。

どうも、太平洋の波はガメつくてイヤだ。

すごく荒れる。飯をたくどころではない。五〇度ちかくヒールしている。窓が水面下にもぐる。ガラスのすぐむこうを、まっ白い波が、猛烈なスピードでバチャッとつっ走る。それから、深い海水だけが、ジーッとキャビンをのぞきこむ。

それにしても、ヨットは強いと、つくづく感心する。信頼がわく。たのもしいような、いじらしいような……ああ、身の一部だと、痛切に感じる。つくさなくてはいかんで。そう自問自答する。

なにしろ、しようがない。手のほどこしようがない。そんなら、寝たほうがましだ。起きていると、不安や心配ばかりが、頭を痛めつける。ともかく、横になる。ムリにバースにもぐる。しかし、眠れない。眠ろうとつとめる。眠れるもんじゃない。リギンの音が耳につく。たまらない。気になりだすと、ますます目がさえる。シュラフをひっぱりあげて、頭からかぶる。まだ聞こえる。両手で耳にフタをする。聞くまい、聞くまい。聞こえないことにしてしまう。目をつぶる。眠ったジェスチャーをやる。自分にむかって、タヌキ寝入りをして見せる。眠ったような気持になろうと演技する。ガタガタにならないための自己催眠である。切実な精神衛生術だ。

6月18日(月)=第三八日

朝食をすましても、風は吹かず、うねりばかりだ。ボート進まず。予定より遅れてきた。なのに、食糧だけがチャンと予定どおり、一日ぶん減る。

午後、SEの軽風が吹きはじめた。スターボード・クローズ・ホールドにて走りだす。しかし、なんともたよりない風だ。

6月19日(火)=第三九日

またセールのシバーする音に、たたき起こされる。午前2時半。風はSEからNEに変わっている。ボートは強風を受けて、Nにそれて走っていた。

前線の通過か。大雨をともなっている。メインを大きくリーフし、タッキングを試みる。

だが、メインが小さすぎて、リー・ヘルム（風下にまわろうとする傾向）が強い。しかたなく、ベアリング・アウェイ（風下にむかっての方向転換）してから、ジャイビング・ラフィング。クローズ・ホールドにもっていく。

風だんだん弱まる。昼前、無風となる。しかし、午後からNE～Nが吹きだす。

コンロ不調。分解やらなんやら、いろいろ手こずらせる。ピッチングのなかで、格闘六時間。石油の煙には参った。お手上げだ。頭が痛くなり、ガンガンする。でも、なんとか修理OK。

終日、風の強弱が入れかわりつづけた。リーフしたり、解いたりをくりかえすこと約十回。どうして、太平洋というところは、吹くといえばムチャクチャに吹くし、吹かないとなったら、セールがバタンバタンなんだろう。もう少し、中間の風がなくては困る。

それに、風向がやたらに変わることといったら……。もちろん、太平洋の北方に貿易風は吹かない。わかっちゃいるけど、カンにさわる。おまけに、いったん嵐がくると、三、四日は小山のような波が、ドイン、ドイン当たる。セールはバタン、バタン。悲しくなってしまう。

そのうえ、きょうはどうしたことか。北風なのに、一日じゅうキリが深い。雲も低い。日本沿岸を少し離れてから、晴れっぱなしの日に、一度だって会っていない。連日、ジメジメして、ほんとうに泣きだしたくなる。

6月20日（水）＝第四〇日

風波高く、フル・セーリングはできない。それでも、メインをリーフして、快調に走る。

やっと七分の三

6月21日（木）＝第四一日

風落ち、波ばかり高い。セーリングは困難だ。

6月21日（木）＝第四二日

ゆうべのうちに、日付変更線を越えて、西経に入っている。そこで、日付をもう一日のばす。昨日につづき、6月21日（木）を二度やらせていただく。これでやっと、七分の三来たことになる。

風はEからの向かい風だ。少し振っては、タッキングをくりかえす。

日没後、よく走りはじめたとおもったら、Eのまま微風となる。スターボードでもポートでも登れず（風上へ進めない）、バウはNかSをむいてしまって、商売にならない。

やっと、きた。これでどうやらスタート・ラインだ。太平洋横断は、これからはじまる。

気をひきしめて、あたらしくファイトを注入する。つねにひかえめに、いつも内輪に見つもって……。ワン・ポイント落とす。セーリングのテクニックだけではない。気分のうえでも、いい調子になるのを押さえる。ヘコタレないための安全装置である。

別の心配がはじまる。デイト・ラインを越すと、デカい凪があると聞く。五日から一週間もつづくとか。かならず、ぶつかるはずだ。そうだ。スタート・ラインは先に送ろう。凪ぎを突破してからのことにする。

6月22日(金)=第四三日

天気は快晴。しかし、Eからの微風だ。セールはバタンバタン。

朝食にコンビーフ。そのあと、ミルク(粉乳)とコーヒーを一杯ずつ飲み終えたとき、爆音が頭の上で響く。出てあおぐと、米軍の赤い飛行機が、ボートのすぐ上をまわっている。グングン低空飛行に移って、ま横二〇—三〇メートルのところを、二度通りすぎた。やがて、北に行ってしまう。

間もなく完全な凪ぎになる。ハダカになって船底をみがく。なかなか、骨の折れること。それに寒い。気休め程度でやめた。ボトムの抵抗が非常に大きいとおもわれる。

日没と同時に、西の空高く、宵の明星がクッキリと見える。天空中でいちばん明るい星、金星だ。

次第に星は満天となる。おそく、東から月ものぼった。実に美しい夜空だ。出発して以来、こんなに昼夜とも晴れた日は、はじめてである。が、こんなベタ凪ぎも初対面だ。

遅い朝食だった。すんだのは十時ごろだ。米軍機は目まぐるしいほど、何回も〈マーメイド〉の上をまわりつづける。やあ、難破船とまちがわれたんでは、とんだことになるぞ。まず、それをおもう。

グングンさがってくる。すごい低空飛行に移る。ほとんどすれすれに、まわりはじめた。U.S.AIR FORCEの文字が、鼻の先で拡大される。乗っているオッサンの顔も見分けられた。これは、いよいよたいへんだ。やっと、日付変更線を越えたところじゃないか。元気なところを見せて、早くいってもらわないといけない。

はじめ、ものすごく大きな声を出して、健在を証明しようかと考えた。でも、この爆音では、聞こえっこない。では、手を振ろうか？　が、すぐやめにする。助けを求めているのだと、カンちがいされる恐れがある。どこかへ連絡されては困る。ここまできて、〝救助〟されちまったんじゃ、元も子もない。

飛行機は低空で旋回をつづけている。観察の視線を感じる。早く、早く。なんとかして、ゆうゆうたるところを示さんと……。

そうだ、そうだ。急いで、キャビンに飛びこむ。カメラをつかんで、かけあがる。ヤツに

6月22日(43日目)、米軍機が海面すれすれの低空で〈マーメイド〉の横を2度通りすぎた。救助されたら元も子もない。健在を証明するのにてんてこまい

むけて、パチパチとる。まわってくるたんびに、連続シャッターを切る。それも、なるべく、いかにも写真を楽しんでるみたいなポーズをつける。

これなら、ゆとりのあるところが、わかってもらえるだろう。懸命にジェスチャーをくりかえす。われながら、名演出だ。はたして、飛行機は行ってしまった。

くたびれた。夢中だった。機影が見えなくなってから、キャビンで〈航空ファン〉をひっぱり出す。どんな機種だったかを、確かめたいからだ。しかし、おぼえていない。双発か四発か？　ゲタ（フロート）をつけていたか、どうか？　なんにも印象がない。お芝居だけで精いっぱい、余裕がなかったらしい。

この日、太平洋プールで、二回目の海水浴をやる。こんどは、太平洋も太平洋、ドまんなかである。あがってから、デッキで甲羅を干しながら、爽快やなぁと悦に入る。

6月23日（土）＝第四四日

朝がたから、SEの軽風が吹きはじめる。スターボード・クローズ・ホールドにて走りだす。登りのため、スピードが出ない。しかし、ひと安心だ。

調べてきたところによると、このへんでは、五日間ぐらいの凪ぎがめずらしくないとか。だから、きのうからのベタ凪ぎが、ヒョッとすると、とおもっていた。

二日だけなら、アーリガァタヤ、アリガタヤ。

6月24日（日）＝第四五日

きのうにつづいて、ゆるやかだけれど、ともかく風が吹いてくれる。

現在地点は、ミッドウェーと同経度らしい。なにかで読んだミッドウェーの大海戦をおもいだす。

開戦以来、ずっと戦い進んでいた日本軍が、ここの海戦で決定的な敗北を喫したのは、17年の6月6日ではなかったろうか。それが転回点になって、日本はズルズルと敗戦に押しこまれた、と覚えている。

夕方、南をむいて、デッキに立つ。夕陽がからだをいっぱいに包む。長い黙祷を捧げました。なんとなく、全身が熱くなり、目頭が痛くなりました。だれもいないんだな、とおもったら、熱いものがこみあげてくるのでした。

空母四隻、飛行機約三〇〇機が撃破され、多くの海の先輩たちが散っていったところなのだ。

ぼくのボートは、ここを転回点として、新大陸を目ざします。この世界最大の太平洋を乗りこえて、勝利をつかんで見せます。

先輩、ぼくはいま、花束を持っていない。許してください。しかし、もしこのボートが、無事にゴールデン・ゲートをくぐったら、それが先輩に捧げる花です。

風邪をひいたのかな

6月25日(月)＝第四六日

夜明けごろ、枕もとのコンパスを見る。針路は少し北に振っている。起きあがって調べる。風が南東から東南東に変わったらしい。まあ、いいや。

気分が悪い。風邪をひいたのかな。食事したくない。朝食はフルーツのカンづめだけ。お昼に、アカをボトムからくみ出す。バケツに入れて、外にほかした(大阪弁。捨てた)とき、アレーとおもった。なんだか大きな黒い流木が、たくさん浮いているではないか。よく見たら、なんとクジラだ。一〇頭から一五頭ぐらい、一か所にかたまって、潮を吹いている。もし、知らずにあのなかへ突っこんだら、どうなっていただろう。どれもこれも、このボートより丈の長いヤツばっかりだ。あんなのにちょっとでもシバカれたら(たたかれたら)、九ミリの外板は一発でやられてしまうわい。こっちから乗り入れてしまったら、一ダースもいるんだもの、逃げ場がないところだった。

さいわい、クジラはおとなしい動物らしいので、ホッとする。が、危かった。

微風で走っているときに、気がついた。だから、よかった。

おなじ場所にむらがって、ノンビリ浮かんでいる。ちっとも泳がない。船でいえば、〝漂泊〟だ。何をしているんだろう。

白鯨ではなかった。黒い鯨だ。二〇フィートから三〇フィートはある。〈マーメイド〉は一九フィートしかない。みんな、こっちよりデカい。

よく見ると、やさしくて、かわいらしい顔をしている。フカとはまるでちがう。いかにも、乱暴はしませんという感じだ。しかし、そばで見ると、やっぱり大きい。ジッとしたままで、かわりばんこに潮を吹く。漫画はウソだ。人間を噴きあげるほどの馬力なんて、ありやしない。シュッシュッと、五、六メートルあがる。噴水の程度である。大したことはない。先っちょも、二つに分かれてはいなかった。

お名残り惜しく別れる。

風邪は寝冷えらしい。スタート以来、ずっと毛の腹巻を離していないのに、どこからひいたんだろう。

6月26日(火)=第四七日
朝から風弱く、元気が出ない。日中は頭痛がする。イヤになる。
日没後、〈ラジオBC〉(中波放送)をかけたら、バンクーバーが入った。音楽だ。雑音もない。心が安まる。
SW(ショート・ウェーブ。短波)は、昼のうち、聞こえにくい。夜はいいのだが、おなじ周波数が世界じゅうにあるので、ゴッチャになる。シャープに聞こえるのは、北京とモスクワだ。この二つは実によく入る。

〈ＮＨＫ〉の南米むけ日本語放送も、ときどきよく聞こえる。

しばらく、ラジオを聞いていなかった。電池の節約である。ずいぶん久しぶりで、スイッチを入れた。とたんに、「バンクーバー・ビクトリア」とかいった。ドキンとする。北米大陸の音ではないか。しかも、きれいに入る。

ジャズを聞きながら、ちょっとアメリカ大陸を身近に感じる。

〈マーメイド二世〉のユメ

6月27日(水)＝第四八日

風がＳＥに振る。軽風だ。もう少し力強く吹いてくれると、船足が出るんだが……。でも、凪ぎ以来、切れないでいてくれるのはありがたい。

キリが濃い。太陽は出ない。それでも、風が安定しているので、昼間は退屈する。いろんな本を読んだ。やっぱり、おもしろいのはヨットの書物だ。

暇にあかして、〈マーメイド二世〉(架空。いつか持つはずの新艇)のドリーム・プラン

〈夢想〉をねったりもした。シスコに着いたら、よく研究しようなどと、心ははや新大陸に。しかし、まだまだ、ボートは太平洋のまっただなかだ。

それにしても、今年9月にニューポート沖で開かれるアメリカ杯争奪、一二メーター級チャレンジ・カップ戦を、ぜひこの眼で見たい。映画に写して、日本のヨットマンにも見てもらいたい。

ふつう、ヨットのオーナーは、だんだん、大きな船を持つようになっていく。これが自然だ。が、このとき、ぼくのドリーム・プランは逆だった。〈マーメイド二世〉は〈一世〉より小さくなくてはいけない。ふたたびトランス・パシフィックをやるのに、前より大きいヨットを使ったんでは、おもしろくないからである。それには、どんな型がいいか？　あれこれ考えた。せんじつめたら、ヨールとスクーナーが残った。どっちも二本マストのヨットだ。この二つでは、スクーナーのほうがよさそうにおもわれる。ヨールは、どうしても、スピネーカー（パラシュートのようにひらいて、風をはらむ前帆）で勝負することになる。が、これはシングル・ハンダーにはあつかいにくい。だから、落第だ。

スクーナーは、いろいろな風に合わせて、フリーなセーリングができる。そのときそのときの状況によって、自由がきく。ということは、つねに速く走れる。

ただ、欠点としては、登りが悪い。でも、太平洋横断のようなケースでは、ガツガツと進む必要はあまりない。むしろ、フリーでかせげるほうが、平均してピッチがあがることになる。

二本のマストも、間隔がせまい。これもシングル・ハンドにむく。マストは短くて、軽い。倒れても、ひとりで起こせるだろう。セールのバランスもとりやすい。スターンにはベーン・ラダーがつけられる。

どうしても、シングルのトランス・オーシャンを考えると、スクーナーしかない。もっとも、一七フィートか、一八フィートのスクーナーというのは、ふつうではないかもしれない。なら、アメリカへ着いてから、もし許されたら、ひとつスクーナーの研究をやってやろう。

どうせ、ドリーム・プランだ。勝手気ままなことを空想する。

この日、バカに気分がゆったりした。アメリカ杯争奪戦にも憧れる。前世紀の半ばからある世界一デラックスなヨット・レースだ。ビクトリア女王がカップを出している。ずっとアメリカがとりっぱなしだ。だいたい四年ごとに開かれる。戦後ではことしが二回目の開催年にあたる。

日本からだって、出ようとおもえば出られる。金さえあれば……。しかし、一艘三億も四億もするヨットじゃ、ぼくには望めない。せめて、見るだけでも見たい。

ついでに、こんな格言までおもいだす。

「陸の人間にとっては、海は陸を隔てる。ヨットマンにとっては、海は陸をつなぐものである」

ああ、太平洋のひとり旅は気楽だ。だれに気がねも遠慮もいらない。自分のペースで生きていかれる。

〈マーメイド二世〉のことを空想したりしたおかげで、出発のときのこせつきようが、いまさら恥ずかしくなる。あのうろたえぶりは、なんだ。悪化していく天候に、追われるみたいに逃げ出してきて……。

ぼくは卑怯だった。条件のいい季節を選んだのが悔やまれる。どんな風、どんな波でもかならず乗り切っていく。これがほんとうのヨッティングじゃないか。逃げこみはみっともない。男らしくない。

こんどははじめての試みだ。まあ、大目に見てやろう。次には、きついシーズンに飛び出してくるんだ。

戦いだ。戦闘だ。

ヨッティングの呼吸は、自然の猛威を、うまく避けるところにある。よく、そんな理論を聞かされた。しかし、かわすとか、逃げるとか、これはウソだ。わたるということは、とにかく海との戦いである。まともでは、とても勝ち目はないかもしれない。だから、なお戦いだ。相手の力をうまく利用して、逆にやっつけてやる。

プロレスはショーだ。しかし、ノサれた外人レスラーが、もうダメみたいなふりをして休んでおいて、隙を見つけては、また襲いかかっていくリズムが、ぼくは好きだ。たたきのめされても、あとで立ちあがっていく。あれが戦いだとおもう。

今日は、やけに強気な一日である。

6月28日(木)=第四九日

順風が吹きだし、ボートは快走す。しかし、クローズ・ホールドなので、ヒールが大きく、度々バウは波に突っこんだ。なにがなんでも、走ってくれさえすれば、御機嫌である。

夕方、益々強くなったので、メインを第三バテンまでリーフする。しかし、風下の窓は、よく水族館になる。そんなことはヘッチャラだ。もう一か月半以上も乗ってると平ちゃら、ああ、いける、いける。

6月29日(金)=第五〇日

朝から、〈実験漂流記〉を読む。高校一年（昭和三〇年）に買って読んだ。読みなおすたんびに、味のあることが、つぎつぎに出てくる。いつも、はじめて読むみたいな気がする。

著者のアラン・ボンボワール（フランスの青年医師）は、ゴム・ボートに食糧も水もなしで、大西洋を渡っている。それに比べれば、こっちは軍艦だ。食糧も飲料水も豊富なんだ。

しかし、ショート・ケーキと、うまいコーヒーがほしい。インスタント・コーヒーのセルフ・サービスには、もうゲンナリした。

6月30日(土)=第五一日

日本時間なら7月1日（日）。たぶん、海水浴場びらきだ。ことしは海水が汚れているんで、海では泳がせないだろうか。今日は休日。ヨットの友だちは浜に集まって、楽しくやってるんだろうなあ。ぼくのことをうわさしているのが、聞こえるようだ。

でも、「人のうわさも四九日」（原文のまま）というし、こっちは出発して五一日目。するとみんな忘れてしまったかな。ぼくはどうして、すぐホーム・シックでセンチになるのだろう。

6月23日（土）から吹きはじめた風が、今日まで一度も切れずに、順風・軽風を送ってくれる。天測はできないが、平均三・五―四ノットは走っている。

現在位置は西経一七〇度を越えて、一六〇度台に入っているとおもわれる。まずまずだ。

凪なし波あり

あと四〇パーセントだ

7月1日（日）＝第五二日

朝からうす曇り。太陽はときどきしか顔を見せない。子午線正中時に、セクスタントをかまえる。が、なかなかうまく太陽が出てくれない。正確な天測はできなかった。

しかし、だいたい、北緯四〇度、西経一六〇度のあたりに位置しているらしい。

夜、ポラリス・カードで緯度を出そうとする。が、水平線がまったく見えない。そのうえ、ポラリスもちょいちょい現われるだけだ。まったく天測できず。

夕方から、風は次第に落ちる。夜半には完全に凪いてしまう。

それでも、〈ラジオBC〉は、米国西部およびバンクーバーが、とてもよく入る。

新大陸が近づいたせいか。

日本からのは、うまく受信できても、十分ぐらいで、すぐに電波の調子が悪くなる。おもしろくない。

英語放送ときたら、まるでお手あげだ。ほとんど理解できない。まあ、着くまでずっと聞いていれば、一割ぐらいはわかるようになるかもしれない。だが、早口なのには、ほんとうにイヤになる。

アナウンサーがしきりに、「インディペンデンス」という単語を連発する。独立記念日（7月4日）が近づいたせいだろう。千七百なん年だかに、どうとか、こうとか。歴史みたいなことをいってる放送が多い。

それにしても、うれしかった。ハワイのホノルルから、日本語放送が聞こえた。「三つの歌」をやっている。宮川アナウンサーの声が入ってきたのにはおどろいた。トランジスター・ラジオの指向性が、よく役に立つ。ハワイはSE、バンクーバーはNE、ロサンゼルスはEに聞こえる。これだけでも、大ざっぱな位置がでることを、方探と照らし合わせて確認した。

六〇パーセントをきた。あと四〇パーセントだ。

どうやら、半分は越えた。最初の二〇日間に、四回も嵐にぶつかった遅れが痛い。でも、ここまでこられたのは、なんといっても、あと三〇日間に、一度も嵐がなかったおかげだ。かなりよく走らせてくれた。

あとの四〇パーセントも、すぐに突破できそうな気がする。

きょうで五二日目。孤独というものは、まったくつらい。それに、ひとりぼっちのやもめ食事。が、それだけがいちばんの楽しみだ。

食糧はまだタップリある。あと五〇日ぐらいは、少々食べすぎても大丈夫だ。水も十分残っている。ビールがあと五〇本。フルーツも五〇カン。ストックに心配はない。灯油も三〇リットルはタップリだ。

それにしても、飯たきが上手になったこと。どんなに荒れても、うまくやる自信がついた。でも、陸にあがれば、値打なしだろうけれど。まあ、シケのなかでも飯がたけることは、今後、ボート仲間には重宝がられるからね。


六〇パーセントという数字を、半分と翻訳しなおす。六割だと、ずいぶんきたみたいだから。まだあと半分とおもえば、気をゆるめるどころではない。

このごろ、わりにノンキ。飯たきの腕前なぞに、ひとりで悦に入る。

もともと、クッキングは大きらいだ。それというのも、前からセーリングしているときは、あまり食欲が進まなかった。自分でほしくないから、なお料理には気が進まなかった。

太平洋をわたりたい、と言ったとき、先輩たちがした心配のひとつは、ぼくが食べたがらないことだった。それが、いまは、モリモリと食う。食いたいから、クッキングをしないわけにいかない。現金なものだ。自然に手もあがった。

料理については、無能なクルーだったと、申しわけなくなる。いくら先輩たちにいわれても、頑としてやらなかった。イヤでイヤで、どうしてもする気がしない。たいていの人は、しぶしぶながらも少しはやるがぼくは逃げまわった。もっとも、そのうちに、なにかの加減で手つだったとき、すごくヘタくそなのがわかったので、みんないいつけなくなった。これ幸いと、天下ご免の料理番サボである。評判が悪かった。

でも、こんど帰ったら、ちっとは役に立てるだろう。ただし、こんなことはあまり公表しないほうがいいかな。やりたくない気持は、前と変わらないのだから。

7月2日(月)＝第五三日

ゆうべからシケ凪ぎだ。ちっともおもしろくない。ボートの進まないのが、いちばんつらい。

しかし、まあ、一週間以上も吹きつづけてくれたんだ。ちょっとは休みたいのだろう。だいぶ、すべらせてくれたからね。

ヨットの動力は、風という無限のエネルギーである。だから、燃料がなくても、どこまででもいける。

世間では、地球はせまくなった、なんて言っている。でも、ヨットにとっては、なんと大きいこと。大自然の偉大さよ。何をもってしても、これにはとてもかなわない。

夜になってから、ま東の風が吹きはじめる。タッキングを何度もやりなおす。

三角波が立った。まるで、西宮のハーバーみたいだ。ボートはうまく切りあがらず。ついには、ポート・タックにて、南下するようになってしまう。


日付変更線を越えてからは、二日きり凪いだだけである、あとは、二週間もいい風が吹いている。シケ凪ぎになっても、そう文句はいえない。我慢、我慢！

とはいうものの、シケ凪ぎほど、インチキなものはない。風はなくて、波だけ残っている。風は凪ぎで、波がシケだ。最低である。セーリングができないうえ、ゆさぶられて居心地は悪い。

ローリングを減らそうと工夫した。セールをセットして、まんなかでしめこむ。こうすると、その抵抗で、いくらかは横ゆれが少なくなる。

7月3日（火）＝第五四日

夜明けとともに、風が落ちる。ボートは波まかせ。ゆっくり食事でもと、コンビーフに焼きノリ、ラッキョウで朝食。

正午より、Sが吹きはじめる、まず、ひと安心。

最近では、夜になるのが楽しみだ。ハワイから、日本語放送が一局入る。しかし、日本の短波は聞きにくい。やはり〈ＢＣ〉にかぎる。

参議院選挙のニュースが、ホノルルから入る。アナウンサーは二世か、三世か。変なアクセントなので、よく聞きとれない。アナウンサーや歌手は、日本のほうがハワイより、だいぶ上らしい。

ああ、棄権してしまったな、とおもう。でも、出発は公示の前だった。不在投票のしようもなかった。しかし、ちょっと気になる。いままで、投票にはかならず行っていたから。

7月4日(水)＝第五五日

凪は昨日よりも落ちる。二ノット弱。が、なんとか東行してくれる。

今日は米国独立記念日。来年の今日は、ホノルル・レースのスタート日だ。いつかオーナーになって、世界のヨットメンと競いたい。莫大な費用がいることだが。けっして、夢で終らせたくない。

夕方から、風はまったく凪いでしまう。

気分良好だ。健康もいい。モリモリとファイトがわいてくる。それに太った。手首体重計でハッキリわかる。

前半のやせかたはひどかった。左手の親指と中指で右の手首を巻くと、爪のぶんだけ重なっていた。いまでは指がまわらない。たしかに、出発前の標準より肥えている。なんだか、困っちまう。

海上の生活に、からだがアジャスト（適応）したせいもあるだろう。それに、食も進む。余らせてゴール・インしても、しかたがないから、気前よく食う。

食欲日々にます

7月5日（木）＝第五六日

このところ、気圧は一〇三〇ミリバール前後を示している。気温も高い。そのうえ、今日はスモッグが濃くて、凪ぎときている。食事するのに気がひける。

食欲は日々にましてくる。水の消費量もふえた。米は日に三合半。ティーが五、六杯で、水一リットル。

夜に入っても、風は出ず。お手あげだ。それに、キャンデーがなくなってしまった。もちろん、食べたからだ。角砂糖で代用する。なかなかイケる。でも、ティーのぶんがなくなるといけない。リプトンやネスカフェに、砂糖一個しか入れられなくなってはピンチだ。ひかえめにしないと危い。

7月6日(金)＝第五七日

ひきつづき凪なし。海面は油を流したようで、うねりだけがユーラリ、ユラリ。大きな鳥が、大きな魚をやっつけたらしい。鳥は魚をとって生活しているんだから、べつに珍しくはない。が、今日のは、どっちもデカい。

暑い。7月が暑いのは、あたりまえだが、それにしても、日中、頭が痛くて、しかたがない。

要するに、お天気がよすぎる。空は晴れわたって、カンカン照りだ。疲労予防のため、なるべく陽に当たらないようにする。それには、デッキに出ないのがいちばんいい。適当なセーリングにして、キャビンにもぐっている。ときどき、ハッチから乗り出して、チョイチョイとやる。

それでも頭痛がする。コーヒーを飲む。頭痛薬セデスを使ったほうが、手っとり早いのだけれど、うんとひどいときに備えて、節約する。まだまだ、暑くなりそうだから。

やっつけた鳥はアホウ鳥だった。この鳥とは、よくお目にかかる。名前はアホウでも、偉大な感じがする。それと、おもしろいことに、一羽一羽、みな個性がある。昨日会ったのと、今日のと、ハッキリ別人だとわかる。顔がちがう。海ツバメだと、見分けがつかない。

今日のアホウは、ベラボーに大きい。自信が強そうなタイプだ。サッとすごい勢いで舞いおりて、海面に襲いかかった。そのときは気がつかなかったのだが、やられたのはサメだった。アホウは死んだ魚の上にとまって、得意そうにしている。ヤツの戦利品を横どりしてやろうかな。そばへいって棒かなにかで突っつけば、たぶん逃げるだろう。そしたら、生魚を煮て……。しかし、やめた。このアホウ鳥はワシぐらいある。魚どころか、こっちまで襲われそうだ。怪我をしてはつまらない。さわらぬ神にたたりなし。真剣にそう考えた。煮魚は見送る。

7月7日(土)＝第五八日

4日以来の凪ぎが、今日もつづいている。日付変更線付近のより長びく。手がつけられない。エンジンのない悲しさだ。

早く陽が落ちないかな。暑くて、やりきれないや。夜になると、〈BC〉のミュージックがよく聞こえるので、楽しみだ。

昼は、まったくからだが休まらない。こんな凪ぎでは、食糧の浪費である。水もふだんより二倍くらい多い。

7月8日(日)＝第五九日

夜明けとともに、西からの軽風が吹きはじめてくれる。やっと、すべりだす。しかも、風力は少しずつ増しているようだ。

ログ（速度計）がないので、対水スピードがよくつかめない。とくに、追手だとわからない。

日没後、順風となる。

日本時間7月9日18時、なんだかピカッとした。ハッチをあけて、空を見る。べつに変わったことはなさそうだ。が、十分ぐらいすると、雲がぶきみな赤味を帯びて、西の空をおおう。約十分で消えた。なにか実験でもやったのか。夕焼けにしては、日没後三時間もたっている。


帰ってきてから調べたのだが、これがジョンストン島の超高空核実験だった。新聞でアメリカ側の発表を読むと、「ホノルル時間、7月8日午後11時（日本時間、9日午後6時）」となっている。ピタリだ。

キャビンに寝ころがって、ラジオを聞いていた時、なにか、チカッとした。遠い稲光りかとおもった。しかし、雷がつづかない。目をパチパチとまばたきさせると、よくそんな感じがある。あれなんだろう？　錯覚だったんだな、それですましてしまった。

が、あとから西の空ににじんだ赤は、とても不吉な色だった。

ぼくも核実験には関心がある。アメリカがジョンストン島で超高空による実験をやるはずだ、とは知っていた。でも、新聞などで騒いだのは、ぼくの出発前だ。やるやると、何度も聞かされた。だから、こんなに延びているとは知らない。とっくにすんだものと信じこんでいた。まさか、これが……とは、おもいもよらなかった。

7月9日(月)＝第六〇日

昨日からの風が、切れずに吹きつづけてくれる。

しかし、単調な航海だ。こういうのは、シングル・ハンドにいいのか、悪いのか？

まあ、嵐よりはいいにきまっている。が、時間が長く感じられるのが閉口だ。

からだの調子がいいのだけは、なによりである。それに、ボートは三ノットですべりだした。ひと安心だ。

ほかには、食べることしか考えない。どうしても、食いすぎる。

日没、〈BC〉がさっぱり聞こえない。きのうまでは、あんなによく入っていたのに……。

SW（短波）しか出ない。

すごく快調だった〈BC〉が、雑音でメチャクチャだ。いくら調整しても、「ガガガガッ、ビビビビッ」が消えない。ガッカリする。短波は聞く気がしない。

7月10日(火)=第六一日

風は昨日よりも少し弱くなる。しかし、順調に吹く。空晴れて、気持よし。

天測の結果、四〇度二一N、一五五W。予定のコースに乗ってくれているらしい。

今日も〈ラジオBC〉の入りがよくない。7月8日のピカッの影響かもしれない。

ラジオがおかしいので、おとといのピカッが心配になりはじめた。あんなによく聞こえたのが、あれを境にして、すっかりダメになった。

電波障害を起こすピカッといえば……そう考えて、ゾーッとした。死の灰をかぶる、最悪の場合を想像してみる。もしそうだとしても、こんなところをひとりで帆走しているんでは、助かりようがない。

ともかく、雨水は使わないことにする。

ワン・ポイント・ダウンの鉄則

7月11日(水)=第六二日

朝がた、凪いでしまう。でも、昼前から、NEの順風がくる。ポート・タック・クローズ・ホールドにする。少し起こして走らすと、スピードが乗る。

夕方、だいぶ風が落ちる。昼間のがつづいてくれればいいのに……。最近の風は、コンスタントに吹かない。いつも、少しずつシフトする。それをくりかえす。シングル・ハンダー泣かせだ。つらい。からだにもこたえる。参るので、いい加減にしておく。自分でそうしておきながら、手をぬくのが惜しくてしようがない。

さて、このあたりで、風についての記述を、タネあかししておこうか。

風の強さは、弱いほうから、無風→微風→軽風→順風→強風→烈風となっている。それぞれのランクには、キチンとして風力のワクがある。しかし、ぼくは風速計を持っていない。だから、正確に見分けているとはいえない。識別は勘とフィーリングでやる。

ぼくはなんでもワン・ポイント落として判断する。値切ってしまう。風にもこのルールが働く。

なにしろ、風には少しでも強く吹いてもらいたい。当然、なまじっかな風では気に入らない。いつも、弱いじゃないかと不満だ。そのために、相当よく走らせてくれる風でも、大したことはないとおもってしまう。正直にいえば、この日誌に出てくる風のランクは、みんな一階級ずつ格下げされている。わざわざ、そうするんではない。自然に、そう感じるんだ。

微風といえば、軽風のことだ。軽風とあれば、実際は順風。順風なら、事実は強風である。

ぼくには、波頭が白く散るぐらいでなくっては、順風の感じがしない。セーリングのための順風、そういうフィーリングだ。コンスタントにノロノロ吹くよりは、ときどき切れても、吹くときに景気よくきてくれるほうが、気持は救われる。

7月12日（木）＝第六三日

ま東から吹きだした。どっちのタック（右か？　左か？）がいいか？　何度もくりかえしてみる。そのうちに風弱まる。SかNにしか進まない。あげくに、日没のあと約三時間も、無風状態となる。

その後、シフトして、SEがくる。スターボード・タックにて東行する。

やっと今夜、ホノルル、バンクーバーなどから、〈ラジオBC〉が聞こえはじめた。

ラジオの入りがよくなったので、ホッと胸をなでおろした。どうやら、大したことはなかったらしい。この程度なら、ひどい災害は受けないですむにちがいない。うんと遠かったので、よかったんだろうか。

といったって、科学的に完全に無害だったか、どうか？　シロウトにはわからない。でも、ラジオが聞こえはじめたことで、安心するしか、どうにもしようがない。

7月13日(金)=第六四日

13日の金曜日や。だが、風がSEに変わり、アリガタヤ、アリガタヤ。

天気のいいこと。空は一面に晴れわたっている。雲が一つ、二つ浮かぶだけ。

好天はいいが、暑すぎていかん。頭が少し痛い。何をしても、おもしろくない。

カンカン虫(日射病)にやられたのか。晩飯をたいたら、コッチン(シン飯)にしてしまう。頭にきたようだ。

空がすごく高い。ちぎれ雲も高い。ぬけるような青空だ。目がクラクラする。

とにかく、暑い。このところ、昼間はいつも頭痛がする。それほど強烈な痛みではないけれど、いつも重い。さしあたってする仕事がないと、ボーッとしている。みじめったらしいイヤな感じだ。

これをぼくは〝カンカン虫〟という。勝手につくったデタラメ名詞らしい。カンカン照りとカンシャクの虫でもミックスしたのかな。

7月14日(土)=第六五日

風は変わらず吹いてくれるが、かなり弱い。もう少し力強いといいのだが……。それに船底の関係か、すべりが悪い。

今日もカンカン虫だ。気持のゆき場がない。弱っちゃう。しかし、夜空は美しかった。月光に照らされて、静かにすべりゆくわが艇。そして、一杯のリプトン・ティー。これがわが全財産なのだ。

この日、ほんとは最高にゴキゲンだった。

船はズーッ、ズーッ、ズーッと、力強く前へ進む。船足がたくましい。水面をすべっているだけでなく、波に乗って走っている感じだ。いままでとは、ゆき足がちがう。グングン前進する。加速度がついている。前へ乗りだすたびに、ボトムがスッ、スッと水を切り開く。なんともいえない！

スライディング・ハッチをあけて、ぼくはバースであおむけに寝そべっている。夜空は一〇〇点の快晴。満天の星だ。まん丸に近い月もあがった。

星の色が涼しい。北極星、北斗七星、アンドロメダ、カシオペア……Nの空は星でいっぱいである。みんな天測に使う星だ。でも、いまは、そんなことを考えたくない。ただもう美しいとおもう。なんだか、どの星もぼくを中心にしてまわっているみたいに見える。

ボートはズウィッ、ズウィッ。星がキラキラ。手には熱いリプトンがある。もったいないから、チョビリ、チョビリ流しこむ。船底を海水がスーッ、スーッ、威勢よくうしろへ走りぬけていく。

しあわせだ。やりたいことをして、しかも、それが順調に目的へとアプローチ（接近）していく。空は美しい。ティーはうまい。健康もすばらしい。ロマンチックだなあ。グッとくる。生き甲斐を感じる。きてよかった！

ちかごろ、お茶がものすごく楽しみになっている。ティーを口にする夜のひとときが、いちばん幸福だ。お茶を飲むためなら、厄介なお湯わかしが、ちっとも苦にならない。

ヒールするヨットの中である。うっかりしていると、コンロがジャンプする。片手で押さえておいて、これまたもういっぽうの手で支えたヤカンをかける。両手を使って、わくのを待つ。コーヒーとティーに、すっかり差がついた。朝、頭痛よけに飲むコーヒーは、半分、薬みたいなものである。そううまいとおもわない。まして、ネスカフェでは気分が出ない。

しかし、紅茶はべつだ。意味がちがう。味わうムードがある。実においしい。夜、からだが冷えてくる。グッと熱いヤツをすすると、生きている実感が体内を流れる。オーバーじゃないんだ。

7月15日(日)=第六六日

南からの風は切れることなく、静かに吹きつづけてくれる。

日没後、いままでより少し力強く吹きはじめる。ボートは快調にすべりだす。

日没から四時間たったころ、北の方角、水平線上に船の灯らしきものを発見。しかし、二十分ぐらいで消えてしまう。まちがいなく、人間のあかりだとおもう。今夜は曇っていて、星は見えないんだから……。

ときどき、満月に近い月だけが、顔を出す。

ふっと気がつくと、北の空ばかり見ている。南天の月を忘れがちだ。方向を出すのに、いつも北極星をねらっているせいだろう。

7月16日(月)＝第六七日

ゆうべからの順風はおとろえず、どんどん船を東へ送ってくれる。しかし、かなりむら気な風だ。ステアリング（操舵）に時間がかかる。が、まず、アリガタヤ、アリガタヤ。からだの調子、ますますよい。食事の待ちどおしいこと。

このところ、ずっと、ズボラなステアリングでは、我慢できない。ちょっとでも風が変わったら、たちまち気になる。その状況に応じたいちばん適切なセーリングにしなおさなくては、カンにさわる。いちいち手間をかけて、小まめにやる。動きつづける。

一週間ぐらい前までは、そうしたいとおもっても、身体がきつかった。いまはヘッチャラだ。いくらでも働ける。デリケートなセーリングを、しないではいられない。だれも見ているわけではない。自分への見栄である。

いよいよ健康だ。目に見えて、ふとってきた。元気だから動く。動くから腹が減る。ドンドン食える。

7月17日(火)＝第六八日

ボートは快調にすべる。休むことなく、前進をつづけてくれる。

今夜は満月だ。すごく大きい。一晩じゅうあかるい。

〈ラジオBC〉が、夕方でもよく入るようになった。

おとといから、風が涼しい。カンカン虫から解放された。

夕方に、ラジオがよく聞こえるのは、はじめてだ。いままでは、日没前は電波の状態が悪い、ときまっていた。電離層とかの関係らしい。だのに、きょうは、まさかとおもってスイッチを入れてみたら、ハッキリと聞こえる。

だいぶ大陸に近づいたせいだろうか。

北風よ早く来い

孤立と孤独のちがい

7月18日(水)＝第六九日

ずっと、日中お天気がいい。

朝食後、濃いネスカフェを飲むことにしている。そのおかげか、頭痛も起こらない。セデスはまだだいぶ残っているが、これはなるべくとっておきたい。

南の順風が、どんどん東へ送ってくれる。心強い。風がないと心ぼそく、吹きはじめるとユウウツがけしとんでしまう。

7月19日(木)＝第七〇日

出発してから七〇日目だ。家族に無事を伝えたくなった。でも、これじゃ連絡のしようがない。

風よ、切れないで吹け、吹け。吹いてくれ。おれは凪ぎが大きらいだぞ。

次に風がどう振れるか？　いつも予想を立てる。なかなか当たらない。しかし、いまのところでは、北太平洋の風は時計まわりで振っている。これでいくと、いまの風もWからNに変わる公算が大きい。

米国の西海岸は、偏北風がつきものだ。が、そのNに会えるには、まだ少し早いようだ。そろそろ、英語の勉強をとおもう。ところが、表紙を見ただけで、頭が痛くなりかける。ボートの上は、語学の勉強にはむかないのかもしれぬ。

スタート以来、ボートに関する本はよく読んだ。が、語学（？）は、ラジオの音楽を聞くのが関の山だ。これでは、ブッツケ本番になりそうである。なんだか、近づくのがこわくなった。

すべて絶好調だ。なにもかも、尻あがりによくなっている。成功への確信も固まってきた。ここまでくれば、もうごつい嵐に会うなんてことは、まず考えられない。いままでのパイロット・チャートやなんか、ずいぶん調べた。これから先には、台風の心配はないと見て、よさそうだ。

だいたい、まちがいなくイケそうだと見とおしが立った。油断ではないが、現実のものへの手がかりが感じられる。おかげで、いくらか、心にゆとりのようなものが生まれた。

その証拠に、とっぴなことをおもいついた。家族に連絡をとりたいなんて考えたのは、出発してからはじめてだ。ぜいたくな願いだと、おかしくなる。でも、オフクロとルミー（犬）にだけでもいいから、健在を知らせたい。

そろそろ、西海岸につきものの北風を意識しはじめる。固定した北風にとっつけば、フィニッシュ（ゴール・イン）は遠くない。まだまだと押さえながらも、ひよっとしたらと、心待ちにする気持が頭をもたげる。

〈英語に強くなる本〉や〈科学的英会話独習法〉をひっぱり出す。しかし、ダメだ。こまかい活字で組んであるのがいけない。ゆれながら目をこらすと、ヘンに酔ってくる。頭が痛くなる。ヨットの上では、大きい活字の本しか読めない。ヘミングウェーの〈老人と海〉は、その点ありがたい。とはいうものの、これは翻訳だ。語学の勉強にはならない。

ひとりごとをいうかわりに、スペリング（つづり）を落書きするのが精いっぱい。大判のノートを専用に使っている。でも、ラダーとかコックピットとか、ヨット用語にかぎられる。乱雑に書きなぐっては、ひっちゃぶいて海に捨てる。

7月20日(金)＝第七一日

朝からよいお天気。子午線正中時に天測する。北緯三九・七、西経一四一・三と推定。あと一〇〇〇マイルだ。

風はいくらか弱まっているが、切れずに吹きつづけてくれる。三―四ノットで快走している。八〇パーセントを超えた。

7月21日(土)=第七二日

毎日毎日、海と空ばかりだ。

それでも、海上のひとり暮らしが、苦しくなくなってきた。大して陸が恋しくない。生きがいを感じる。

太平洋の水は色が濃い。いくら晴れている日でも、海面はインクみたいな黒っぽいブルーだ。どこまでも深い、ほんとうのブルーである。

近海の水とは、ハッキリちがう。第一、水深が問題にならない。浅い海だと、光が入っても、もう一度はねかえってくる。だから、グリーンじみる。青いというけれど、正確には、黄色がかっている。いくらか温かみがある。

太平洋は平均水深が四〇〇〇メートルにもなる。光は入ったきり、吸いこまれっぱなしだ。だから、明るさがない。見るからに冷たそうな純粋の寒色をしている。〈ピース〉の地の色に近い。

空は曇っていることのほうが多い。すぐ鉛色になる。と、たちまちフォッグが襲ってくる。もう視界はきかない。どこが水平線かわからない。小さな円のなかに、閉じこめられた感じだ。ひどいときは、住んでいる世界が、目の前一フィートでゆきづまりである。星をながめられる夜はめずらしい。あまり出ない。キリのむこうににじんでいれば、いいほうだ。

だから、たまに晴れわたると、実にすばらしい。世界が広くなって、ものすごくさわやかだ。ありがたみが出る。今日がそれである。最高の気分だった。

快晴。目的地は近づいている。食糧はタップリある。水も十分だ。〈マーメイド〉はよく走ってくれる。

でも、ずっと、ツイン・ステースルは使っていない。張ったまま眠っているうちに、風がきつくなったら危い。危険は避けるに越したことはない。ここまできて失敗したんでは、泣くにも泣けぬ。アビームからクォーターリー……ほとんど、レギュラーな走りかたができている。それだけ、気持に安定がある。

出発当時をおもいだすと、ウソみたいだ。あのころは、すごくさびしかった。いろんな意味で四面楚歌だった。先輩や友人は、頭ごなしに反対する。家族はわかってくれない。パスポートはとれない。出れば出たで、シケにばかりぶつかる。予定の半分しか進まない。つらくて、よく泣いた。

もう大丈夫だ。日本の陸をメソメソふりかえることは、まるでない。慣れというものは不思議だ。生まれた瞬間から、ひとりっきりで暮らしたことのないぼくなのに……。もちろん、みんなに会いたい気持は強い。でも、ひとりでいることに慣れた。

さびしくないわけではない。とてもさびしい。しかし、そのさびしさには、慣れることができる。矢もタテもたまらない気持は、だんだん薄れていく。

ぼくは、ちかごろ考える。孤独と孤立はちがうんじゃあるまいか。人間のなかにいて、ソッポをむかれてポツンとしている。これが孤立だ。孤独は、だれもいないところにひとりいることである。

おきざりにされた孤立には、とても耐えられない。しかし、まわりに人がいないというだけの孤独なら、いつかは我慢できるようになる。出てくる前のほうが、よっぽど、ぼくは孤立していた。が、いまは孤立していない。心はかよっている。孤独なだけだ、だから、陸が恋しくないなんて、いっていられる。成功する、しないの予測とは、関係がない。

その証拠に、ちかごろは、むこうの陸に着くのがこわい。知り合いもいない。パスポートの件もある。金もない。ことばもダメだ。それに、横文字の国は洋食と同じで、とっつきにくい。人間のいるところへ着いて、かえって孤立するんじゃあるまいか。心配になる。

これも、ゴール・インが現実になりかかってきたからかもしれないが……。

7月22日(日)＝第七三日

ゆうべからの風は、時間がたつにつれて弱まる。日没前、完全な凪ぎ状態になった。

7月23日（月）＝第七四日

シケ凪ぎがつづく。日中はカンカン虫だ。苦しいこと、この上なし。

いくらか楽観したとおもったら、とたんにシケ凪ぎがつづく。船は北か南へしか走らない。経度をかせげない。現状維持とおなじことである。

あせる。しかし、はじめのころのイライラとは、まるで比較にならない。気は軽い。

汽笛にびっくり仰天

7月24日（火）＝第七五日

夜明け前、起きてみると、風はSEより吹いてくれる。タッキングして、スターボードにする。またバースにもぐる。

日の出から四時間たったころ、すぐ近くで汽笛が鳴る。キャビンから首を出すと、大きな汽船が鼻の先にとまっていた。

クローズ・ホールドで走りながら、バースで眠っていた。ボワーッと大きな音が響く。チキショウ、またマスト・ステップが鳴ってやがる。起こされた腹立ちまぎれに、舌打ちをして、シュラフをかぶる。

すぐまた、ボワーッ。つづけざまに、ボワーッ、ボワーッ。五、六回もくりかえす。こりゃ汽笛だ。びっくり仰天、飛び起きた。パッと、巨船が目に入る。すぐそこ、一〇〇メートルも離れていない。大きな煙を吐いている。

〈マーメイド〉の南側を走ってきて、エンジンをとめたところらしい。惰力で、なかなかストップしない。そのまま、横を通り越す。前をまわると、風下をあけて停止した。こっちが艇を傷めないための心づかいである。

やっぱり、外国の船は理解が深い。こりゃあ、シーマンのエチケットだ。いくら小さくても、〈マーメイド〉を独立した船舶としてあつかっている。つまり、ぼくを一人前の船長なみに待遇してくれている。

こうなると、ぼくも好意にこたえるべく、インギンにしなくてはいけない。よし、いいところを見せてやろう。ボートをベアリングさせて、つつしみ深く、先方のうしろをターンする。まわりこみながら船尾を見たら、「PIONEER MINX NEW YORK」と書いてあった。

すかさず、カメラをむける。

それから、作法どおり、スターボードにある船長室の下にタッとつける。

貨客船だ。もう朝の八時だから、パッセンジャー（乗客）がデッキにならんでいる。けげんそうな顔も見える。とんでもない野郎に出喰わした、とでもおもっているのかもしれない。

「アイ．アム・ア・ジャパニーズ！」（日本人だ）

下からあおむいて怒鳴る。日本近海を離れてから、はじめて人間にむかって発することばだ。

「ホェア・ドゥ・ユウ・ゴー？」（どこへいくんだ？）

と乗組員が尋ねる。

「アイ・カム・フロム・オーサカ・ジャパン・トゥ・サンフランシスコ」

ところが、「サンフランシスコ」が通じない。何回も聞きかえされる。いろいろにアクセントを変えてみる。ダメだ。ものはためしである。「シスコ」といったら、アッサリわかってくれた。

「ハブ・ユー・ウォーター？」（水あるのか？）

オッサンが聞く。

「イエス・アイ・ハブ」（あるよ）

「イーッ？」

はて、わからない。

「パードン？」（エッ？）

そしたら、

「フーズ」（食糧）

と言いなおした。

海上乞食じゃあるまいし、こんなところまできて、恵んでなんかもらいたくない。なんでも、かんでも、捨てるほど持ってらあ。そう言いたいけれど、とっさには、ことばが出てこない。

「アイ・ハブ・ウォーター・アンド・フーズ」(水も食糧もある)

それだけ答える。まだ、むこうはなんとか、かんとかいっている。よっぽど、何かをくれたそうな顔つきだ。

「ノー・サンキュー。ノー・サンキュー」

やたらとくりかえす。

いっぱい持っていることを、現物で証明してやりたい。でもへんに品物を見せたりして、「こういうのをくれ」とでも受けとられては業腹である。「ノー・サンキュー」一点張りで押し通す。

このときに、ぼくが何かを見せた、と書いてあったが、あれもウソだ。ぜんぜん覚えがない。そういうまねをすまいと、自戒したのがほんとうなんだ。なんかのカンちがいだろう。こっちはゆとりのあるところを見せたくて、四苦八苦していたんだから……。

乗客も声をかけてくる。

「ダイジョービ?」

日本語だ。

「大丈夫」

叫びかえす。通じたもんで、ニコニコしている。横浜からきたんだそうだ。

ぼくからセーラーに質問してみる。

「ホエア・ドゥ・ユウ・ゴー?」(どこへいくんだ?)

「パナマ」

パナマ経由で、ニューヨークに帰港するらしい。

しかし、それより、現在位置が知りたい。なんと聞いたらいいのか、さっぱり見当がつかないので、しかたなしにデタラメで、

「ハウ・マッチ・ポイント・ヒア?」

そしたら、いっぺんでわかってしまった。

「スリー・エイト・ポイント・フォー・ノース」

北緯三八度四〇分か。

「スリー・セブン・ポイント・トゥ・ファイブ・ニィシ」

三七度二五分。つまり、一三七度二五分を略したのだろう。が、最後の「ニィシ」がつかめない。首をかしげていたら、

「ニィシ。ニィシ」

と連発されて、やっと察しがついた。なんのことはない。「西」だ。日本語である。西経を

いっている。念のため、航海日誌のとびらページに、メモをとる。

ぼくの計算と、ちょっとちがう。大したことはないが、五〇マイルばかり予定より進んでいるようすだ。聞きちがえたかと、もう一度、念をおす。

「サーティ・セブン・ポイント・トゥ・ファイブ？」

「ザッツ・ライト」（そうだ）

どうもおかしい。おかげで、これからあと、計算がややこしくなる。教えられたのと、自分で出したのと、この地点を示す二つの位置をベースにして、いちいち、二種類の数字を併用する方法をとった。

最後にわかったのだが、けっきょくはぼくの測定でよかった。といっても、本船のセーラーがミスするわけがない。ぼくの聞きちがえか、とりちがえだったのだろう。

さて、あまり長くひきとめてはすまない、と考えて、別れることにする。

「グッド・ラック！」

てんでに激励してくれる。なん人かはカメラをむけている。

「サンキュー、サンキュー」

こちらも負けずに、シャッターを切る。切りながら、日本語で、

「元気でね」

「ありがとう」

「ゴッツォハンデ」

いろいろと叫ぶ。どうせ通じっこない。しかし、こう言わなくては気分が出ない。人間にむかって、日本語を話してみたかったのかな。

別れしなに、中年婦人の客が、なにをおもったのか、だしぬけに、

「ハブ・ユウ・ザ・パスポート?」(旅券お持ちなの?)

ドキンとする。持ってないとはいえない。もうシスコまで八〇〇マイルはない。ここでつかまるなんて、まっぴらだ。あと、ほんのわずかじゃないか。聞きとれないふりをして、「パードン?」

「パスポート、パスポート」

やけに念入りな発音で、ゆっくりくりかえす。実によくわかる。

「パードン?」

「パスポート、パスポート」

たぶん、好意で言っているると承知していても、あまりうれしくはない。

「サンキュー。グッド・バイ」

いい加減にして、ヨットをまわす。

なぜ、あんなことを聞いたのか、さっぱり想像がつかない。

まさか、日本では小型ヨットにパスポートを出さない、と知っていたわけではあるまい。

7月24日(75日目)。夜明けから4時間たったころ、クローズ・ホールドで走りながら、バースで眠っていたら、汽笛の音で目がさめる。大きな汽船が目の前にとまっていた

とすれば、まともな人種ではないと推察したのかしら？　たとえば、脱獄囚かなにか……。女性のカンだろうか？

ビールの水割りライス

7月25日（水）＝第七六日

ゆうべから、風はほとんど吹かない。一日じゅう凪ぎだ。22日以来、今日で四日間、前進していない。

ここで、ひと吹きしてくれれば、一気に到着できるのだが……。しかし、まあ天気だけはいいが、日中は暑くてやりきれない。

7月26日（木）＝第七七日

日の出後三時間、凪いでいたのが、SEから順風。三ノットで快走しだす。朝食を食べはじめたら、パタンと風が落ちた。それでおしまい。まったくのヒヤカシだ。

そろそろ北が吹いてくれてもいいとおもう。落ちつかない。

が、夕方になって、北からの微風が吹いたり、やんだり。やけに気を持たせてくれるわい。モタモタしはじめてから、もう五日目だ。だいぶロスした。

水が少なくなってきた。飯たきの水がわりにビールを使ってみた。食べられないことはない。ビールなら、まず四ダースある。以後、これでいくことにする。

飯ゴウに米を入れる。二〇〇CCの計量カップに、二杯とちょっとだ。四五〇から五〇〇CCぐらいだろう。これで一日分である。

これを直接スターンから海につけて、水をすくう。太平洋の水は清潔この上ない。タッタッと洗う。といだのへ、いつもは清水を六〇〇CC入れてたく。

しばらく雨が降らない。手持の飲料水を大切にする意味で、今日はビールで飯をたくことにする。三三〇CC入りの小ビンを、二本あける。そのままぜんぶでは、少し多そうだ。で、二本マイナス・アルファーだけ入れた。マイナス・アルファーは、小生ののどをくぐる。

飯ゴウにフタをして、コンロにかける。水で炊くのとおんなじつもりでいたら、突如として、大爆発をおこした。フタがポーンと飛んで、泡がモコモコとこぼれる。アルコールが入っているから、早く煮えるらしい。だいぶふきこぼれた。でも、飯にはシンも残っていなかった。味はそう感心できない。まあ、温いうちなら、なんとか食える。

「うまい、うまい」

例によって、なだめすかしながらパクつく。

そのあと、いろいろ工夫する。ビールと海水が半々なら、いくらかましだ。海水だけよりはずっといい。清水とビールだと、もっといける。ビールの水割りライスである。それはともかく、そろそろN（北風）の地域に入ってもよさそうにおもう。いまや、待つのは北風ばかりだ。Nこそはフィニッシュの条件である。

7月27日(金)＝第七八日

昨日からの北寄りの微風は、少しも風力をましてくれない。依然として、セールはバタン、バタン。しかも、カンカン虫だけはおとろえを見せない。毎日毎日、照りつけて、日中は生きた心地がしない。いつになったら、風らしいのが吹いてくれるんだろう。ほとんど無風状態である。

7月28日(土)＝第七九日

NEからの微風が、セールをバタンバタンと波うたせる。それでも、少しずつは前進をつづけさせてくれる。前から、ショート・ケーキを食べたいとおもっていたのだが、今日はいいことを考えついた。バターがあるので、それにシュガーをまぜれば、クリーム？ができる。さっそくつくって食べる。いい気になって、食いすぎたらしい。腹ぐあいがおかしい。もうやめとこ。

ぼくは甘党だ。なかでも、ショート・ケーキには目がない。ほんとうは、前から食べたいとおもっていた。しかし、チョイと出かけて買ってくるわけにはいかない。それに〝いいきかせ〟方式をたてまえにしている。ないものねだりは、叱りつけてきた。

だが、おもいたつと、たまらなくなった。コーヒー・カップのなかで、角砂糖をつぶす。バターの塊を入れて、こねまわした。パッと食う。すごくうまい。いや、うまいんだと吹きこむ。ほんとうは、それほどでもなかった。でも、らしい感じが、いくらかはする。

残念なのは、台のカステラがないことだ。頭だけのケーキというのは、やはりものたりない。パンのカケラでもあればなあ。

もうひとつ、猛烈に食べたいのが、いろんな動物の形をしたカステラだ。こどものお菓子だけれど、好きなんだから、しかたがない。だが、こいつは代用品にしても材料がない。ムリだ。簡単にあきらめる。

Nはまだこない。

7月29日(日)=第八〇日

NEからの微風は、ときどきEになったりしながら、かろうじて吹いてくれる。南のほうとケンカしているので、強く吹きだすようすが少しもない。

22日以来、今日で八日目だ。まったくムダな時間を食ってしまった。日没後、完全な凪ぎ状態になる。

最近、どうも食いすぎる。そのうえ、毎日のカンカン虫で頭痛がするので、どうしても濃いコーヒーを飲みすぎる。胃の調子が悪い。

なにしろ、こんな凪ぎでは、食事のほかに用事がないのだから。

「楽しみは食べることなり」


気圧の谷に入ったらしい。N（北）とS（南）の風がケンカをしている。こっちから吹いたり、あっちから吹いたり……。両方ともおなじぐらいのバランスだから、無風に近い。うねりも、どっちからきているのか、よくわからない。

そのうち、ベターッとした凪ぎになる。〝油を流したような〟というあれだ。ユーラリ、ユーラリしているだけである。イライラがひどく、活気がわかない。

いったい、安定したNはどうしているんだ。いくらなんでも、もうよさそうなものなのに……。おかげで、さっぱり落ちつかない。

そのかわりみたいに、よく食う。セーリングの仕事がないので、夢中で食べてばかりいる。味つけノリを一カン空にした。

四カン積んだのが、まだ三カン残っていた。ショート・ケーキでこりたので、ノリなら影響なかろうと手をつける。とにかく、口に入れたいんだ。段にして入れてあるのを、一段目だけでやめようなんて、予定を立てて食べはじめる。食べはじめると、不思議にやめられない。リミットが次から次へと拡大されていく。こんどこそ、ここでやめや……また突破する。んなら、ぜったいこの段だけやで……ダメだ。ノリでも食べすぎると、腹に悪いことがわかった。

7月30日(月)=第八一日

朝がたより、SWの軽風が吹きはじめる。逃がしてはお家の一大事、とばかり走りだす。が、風力弱く、ものたりない。

胃の具合は、まだおかしい。一日じゅう元気出ず。

夜、風まったくなくなる。

7月31日(火)=第八二日

うまく順風になってくれた。しかも真追手だ。もっと強いとありがたいのだが、なかなかそうはいきません。でも、ボートが風を受けて走りだすと、涼しいので助かる。

「風よ、切れずに吹きつづけよ」と、手を合わしたい気持だ。ほんとうに長いあいだ、もたつかせたわい。あんな状態に、いつまでもおかれたら、頭をやられてしまいそうだ。
陽が落ちると、風なくなる。その後、Nの微風を感じたが、弱すぎてお話にもならない。

一週間の凪ぎだった。ちっとも進まない。このひろい太平洋で、いつもおなじところをうろついているつらさ、いいようがない。目的地は近いんだから、と説教して、なんとか落ちつかせる。

内心では、ハッキリと北風を期待していた。強く切望していた。Nからの気配には、ひどく過敏になっている。

天測不能位置だせず

このへんの風はケチだ

8月1日（水）＝第八三日

今日から8月。出発して足かけ四か月だ。何をモタモタしてる！　さあ、今月の前半が勝負である。

だが、昨夜来のNの微風は、またもWにそれる。それでも、午後、二－三メートルの軽風が吹きだす。やっと、すべる。

もう少し息の切れないのが、ひと吹きしてくれれば、一気に乗ってフィニッシュできるのに……。いつまで、もたつかせるつもりか。夏とはこんなものだろうか。

日めくりは、毎朝、起きたとたんにめくる。ペリッとやる動作で、一日がはじまる。そうきめておかないと、日づけがあいまいになってしまう。日数への執着は、やっぱり強い。いくら急がぬ旅といっても、それは表むきのことだ。内心では、カッカとせいている。だから、月が変わると、ドキンとする。もう四か月目だ。なにしろ、凪ぎが長くつづきすぎた。日めくりの「8月」という字が、目に痛い。

必死だ。すごくガメツくなった。ソヨリとでも吹くと、飛びつくようにして、セールをいじる。シミったれて食いつく。一〇メートルでも、二〇メートルでも、東へ寄らないではいられない。

しかし、このへんの風はケチだ。出し惜しみばかりする。そういう地域なんだろうか。陸地に近づけば、キチンとしたNが吹くはずである。いまは、その手前の境目かもしれない。それで風がないのかしら。いいほうに、また悪いほうにと、いろいろ想像が働く。

それでも、距離、天候、風などの条件は、なんとなくわかるようになってきた。くわしく計算しなくても、おおまかな見当はつく。フィーリングだ。そいつに合わせて、これからの所要日数を割り出す。

多いめに見よう。余分にはじこう。といったって、もうだまされてくれない。で、妥協して、八月一五日までにフィニッシュというメドを立てた。本心は、そんなにかかってたまるもんかと、せつながっている。

8月2日(木)=第八四日

Wの軽風は順風となる。

長らくごぶさたしていた快走がはじまる。いつものカンカン虫がないかわり、スモッグが出てジメジメする。気持が悪い。天気がよければ、やけに暑いし、どっちみち、ええところなしや。

アネロイド・バロメーターは、ここ数日、一〇三〇を前後していた。が、きょうは少し低くて、一〇二〇までさがる(17時)。急激ではなく、ゆっくりした降り方だ。心配はないとおもう。

夕暮れとともに、風はWからNWにシフトする。

久しぶりのスモッグだ。肌の底までベトつく。しかし、キリが出たのは、空気の移動がはじまる前ぶれじゃなかろうか。とすれば、鉛色の空もまた楽しい。しかし、Nからの微風は、またしてもWに振ってしまう。ドンデンがえしの連続だ。心臓がチリチリしどおしである。皮膚が北風にこがれて、ピリピリしている。一時的なNなのか? 本式のNか? 風を待つ気持、まったくやるせない。唯一の動力源だ。しかも、完全なあなたまかせ。いくらヤキモキしても、なんにもならない。この情なさ、言いようがない。

ふとい気持で、デンとかまえていればいいのだろう。そうはおもうけれど、やっぱりダメだ。落ちつかない。イライラ、イライラ。

海へ飛びこんでやろうか。スターンから飛ぶときに、ウンと強くキックすれば、その反動でボートはいくらか進む。これをくりかえしてみようか。それとも、バタ足で泳ぎながら、トランサムを押すか。本気で考える。ほんまに、やったろかいな。バカげているのは承知の上だ。大まじめなのである。でも、中耳炎になっては困る。それをおもって、我慢する。

そんなら、デッキを前からうしろへと、歩いてもいい。それだけでも、船はリアクションで前へのめる。太平洋のまんなかだ。なにをやったって、笑う人はいない。やるか。やっとのことで、おもいとどまる。やっぱり、みっともない。

いい加減なことを考えるもんだと、ひとりで恥ずかしくなる。

気圧の変化ばかりは、肌でキャッチできない。そこまでベテランになれない。バロメーターを見て、ビックリするようでは、まだまだだ。少し悲観する。

きょうのNには貫禄あり

8月3日(金)=第八五日

順風。やがて、やっと待望のNにシフトした。待ってました。こんどこそ、ほんものらしい。首を長くしていた北風だ。

〈ラジオBC〉が、昼間だというのに、サンフランシスコから、よく入りはじめる。ボートはよくすべるし、ゴキゲン。

しかし、夜に入ってから、ときどき息をしだす。夜半になると、完全に落ちた。セールはウチワのように、パタン、パタン。

エイ、始末のしようなし。うっちゃって寝てしまう。


Nだ。こんどこそはほんまもん、と判断する。いままでのNとはちがう。すぐに切れるヤツは、どことなく頼りなかった。ヒョイと吹いても、何かたるんでいる。中身がいっぱいにはつまっていない感じだ。

が、きょうのNには貫禄がある。たしかな安定感が伝わってくる。ズイッとコンスタントに吹く。あきらかに、いままでとは別ものだ。ヨシッとおもう。ヨットマン独特のフィーリングだろう。

でも、改めて疑ってみる。希望的観測からきた錯覚じゃあるまいか？　楽観しようとする頭を押さえつける。が、どうやら信じてもよさそうな気がしてしまう。

8月4日(土)＝第八六日

朝になっても、依然、風なし。波だけが残って、ボートをローリングさせる。

が、昼前から、Nさまが吹きはじめてくれる。キヨッタア！　軽風だが、文句を言うどころではない。Nさま、Nさま。

海面いっぱいに、帆かけクラゲの多いこと。

フィニッシュが近づいたので、これから毎日、少しずつ整理をすることにした。

今日はヒゲをそり、コンロのサビを落とす。どうせ、もとにもどるにきまっている。しかし、一度やっておけば、こんどは手っとり早くかたづくはずだ。やりなおしは、大陸に接近したときとしよう。

夜、また無風になる。これまでとおもって、寝てしまう。ローリングはげしく、おもしろくない。


Nに乗って走りだしたら、クラゲの大群に出会った。久方ぶりのご対面だ。デイト・ラインあたりでも、お目にかかったことはある。が、きょうのは数がすごい。

見わたすかぎり、そこらじゅう一面がクラゲである。水面の上に半円型のデッパリを光らせている。いかにも、帆を張って風を受けている格好だ。とっさに「帆かけクラゲ」という名前が結びついた。そうでないかもしれない。

ずいぶんいろんな大きさのがいる。平均すれば、ハルが直径一〇センチぐらい。セールの高さは五、六センチだろう。半透明よりはもっと白い。押し出す前のトコロテンに似ている。が、あんなには透きとおっていない。ことに、セールはまっ白だ。大物ほどムラサキがかっていた。

どこまでいっても、クラゲ海域を離れない。クラゲのなかを走っていく。やわらかいから、ぶつかっても大丈夫だろう。

夜、懐中電灯で照らしてみたら、ボートのまわり一帯が、白くチカチカ光っていた。どのくらいいるのか、想像もつかない。何回も照らしてみる。そのたびに、いつもヤツらのまん中にいた。

あと一週間そこそこ……！　そんな声がささやきかける。早まるなかれ。セーブするけれど、ソワソワしだす。ついに、ヒゲをそりはじめてしまった。

夜、ひどく寒い。ゾクゾクする。たくさん着こむ。日本近海を出はずれてから、はじめてぶつかる夜寒である。寒流のせいだろうか。とすれば、どうしても陸は近い。

8月5日（日）＝第八七日

朝がたから、ま西の風が吹く。真追手にてすべりだす。が、風弱すぎて、艇速出ず。

夕方、スターンの方向に飛行機を発見。スモッグのなかを、南から北へ消えていった。

今日は日曜日。次の日曜までを、上陸予定期間とする。

ラジオは調子よし。一生懸命に聞くんだが、悲しいかな、理解できない。しきりに、「サンフランシスコ・ジャイアンツ」ということばが出てくる。勝ったのか、負けたのか？

夜、久しぶりに雨が降る。三十分でやむ。やむと同時に、風もなくなった。

風は、まだよく切れる。でも、待たされるのは一時間か、せいぜい二時間だ。イライラさせられるけれど、すぐにパッと吹きだしてくれる。ドまん中にいたころのように、何日も吹かないのとは、風の人相がぜんぜんちがう。救われる。だが、落ちつかない。

チョマチョマと作業をやらかす。べつに、イソイソとしているわけではない。セーリングにも慣れて、暇がある。退屈だ。だから、なにか仕事をつくって、間を持たせる。それだけのことである。

コンロを、またいじる。むこうへ着いてから、「きたねえなあ」とおもわれるのがシャクだからだ。そうソワソワしてはいないつもりである。

ぼく、変わった。はじめのころは、仕事がイヤでイヤで、しようがなかった。しなくてはならないことがあっても、サボリがちだった。このごろでは、やたらと、することをさがしまわっている。

英語の速成勉強をとおもう。が、参考書は苦手だ。ラジオで、ヒヤリング（聞きとり）のインスタント独習だけでも、とおもい立つ。なるべく、ことばの多い番組にまわす。スポーツ・ニュースらしいものをつかまえた。

大リーグの結果を言っているようだ。勝ち負けぐらいは知りたい。ハッキリ聞きとれたのは、「サンフランシスコ・ジャイアンツ」という単語だけだった。

ジャイアンツには勝ってもらいたい。日本のプロ野球も、〈巨人〉が好きなんだ。ぼくは大阪に住んでいる。まわりは、だれもかれも、みんな「阪神！　阪神！」とわめきたてる。小さいころは、ぼくも〈タイガース〉をひいきしていた。そのうち、〝その他大勢〟がつまらなくなった。小学校五年だったろうか。友だちの〈阪神〉病が頭にきてダンコ〈巨人〉に転向した。だから、大リーグでも〈ジャイアンツ〉のファンだ。

それに、サンフランシスコは、わが大阪のシスター・シティーでもある。しかも、ぼくにとってはデスティネーションだ。

懸命に耳をすます。スコアを聞こうと必死になる。どうしてもダメである。野球放送はとくべつむずかしいのかな。なんだか、日本とは、言い方がちがうみたいな気がする。「ツー・ストライク、スリー・ボール」じゃなくて、「スリー・ボール、ツー・ストライク」といっているように聞こえた。

とにかく、英語はむずかしい。

日本の〈巨人〉は、相変わらず、負けてばかりいるのかしら。

8月6日(月)＝第八八日

また、朝からま西が吹きはじめる。昨日のくりかえしか。ガッカリした。だが、少しずつ、力が加わり、正午には順風となる。

グッド・アフターヌーンだ。空はよく晴れている。フォッグもない。快適である。

しかし、夕暮れから、ふたたびフォッグ。夜、冷えこむ。

風がなくなっても、もう、うろたえないことにしている。実際に、そう気にならなくなった。このへんのフォッグはすごい。日没から一時間ばかりたつと、かならずおいでになる。その来かたがとてもす早い。来るなとおもうと、たちまちあたりを包んでしまう。移動のスピーディなこと、雲なんかとは比べものにならない。これが濃いほど、底冷えがする。冬みたいに厚着する。八月なんだ。

陸近しのきざし

8月7日(火)=第八九日

鉛色の朝だ。風も落ちていく。

午後、南東が吹く。が、弱い。スターボード・タックではNE〜NEEぐらいまでしか切りあがらない。

やがて、Eにシフト。タッキングする。その後、次第に風増す。メインをリーフした。

8月8日(水)=第九〇日

正午すぎから、風弱まる。月の出前には、すっかり落ちた。その後、西風に変わり、約二ノットにて走る。

朝からスモッグのため、太陽が出ない。天測不能。位置だせず、しかし、推定三九度N、一二五度W。

夕方、陸からきたとおもわれる小鳥一羽、マストの上を二、三回まわって、帰っていった。いままで会っていた鳥とは、ぜんぜんちがっていた。どことなくノンビリしている。はじめて見る種類だ。陸の鳥だなとおもう。

むかえにきてくれたような気がした。航海記を読むと、よくパイロット(水先案内)の役目をする鳥が出てくる。ハハアン、ヤツも案内にきたんかな? 見ていたが、どうもそぶりがそうじゃないらしい。

ま、いいや、と苦笑いする。なにもパイロットしてくれなくったって、島が近いのはわかっている。それもデッカイ島だ。着けないはずがない。

8月9日(木)=第九一日

昨日からの西風が北に変わる。一―二ノットで走る。

流木を五回も見た。スズメのような小鳥が、一〇羽ぐらい一群になって、さえずりながら飛んでいるのにも、何度か会う。

陸が近いらしい。それにしては、一隻の船も見かけないのは、どうもおかしい。

スモッグ濃し。天測できず。

流木といっても、まるのままの丸太ン棒ではなかった。材木の切れっぱしやミカン箱みたいなのがこわれたヤツ、それに、ビニールを張ったタイルのようなものもあった。大きさはいろいろだ。が、みな人手がかかった木ばかりだ。イヤでも、陸が近いのを信じたくなる。

小鳥の種類も、ハッキリ新顔である。太平洋のドまん中でつきあった鳥は、どういうわけか、ちっとも鳴かなかった。が、きょうの鳥は、かわいい声で、しきりにチチッ、チッチと合唱する。

海の色も変わってきた、ようである。いままでは、見るからに冷たそうな深い紺碧だった。それが、いくらかグリーンがかっている。海水が黄ばむのは、陸が近い証拠だ。

目を見張って、一生懸命に水の色を観察する。中央にいたころの色を頭に浮かべて、冷静に比べてみる。へたに楽観すると、あとでドンデンがえしを食って損する。「気のせいやないか？」と慎重にかまえる。「気のせいや、気のせいや」といいきかせる。「そうや、錯覚らしいな」と自答する。欲目を出してはいけない。

しかし、さすがに、いいデータがほしくなる。天測しないではいられない。位置を出そうと、やってみる。やっぱりムリだ。このフォッグでは、しようがない。

また、海水をにらむ。どうしても、緑がかって見える。それを押さえる。気ィゆるめたら、アカンデェ。

あとで知ったのだが、この日、大阪では、ぼくの捜索願が出されていた。届けたのは、野間、奥井の両先輩と林さんだ。三人で相談して、きめたんだそうだ。九十日をすぎたので、心配になったらしい。

林さんは新聞記者につかまって、だいぶいじめられた、と聞かされた。ほんとうにアメリカへいくつもりで出ていったと説明しても、信じられなかったんだ。

ほかにも、関谷会長たち〈NORC〉の幹部が、記者に追いまわされたとか。ぼくはそんなことと知るわけがない。アメリカの玄関先で、ゴキゲンになっていた。すみません。

お母ちゃん、ぼくきたんやで

そこにシスコの灯が

8月10日（金）＝第九二日

晴。しかも一日じゅう、N～NEの順風が吹きつづけてくれる。ちょいちょいは、パタッと落ちる。が、すぐにまた吹きはじめる。ゴッツォハンデ。

ガツガツと風をつかんで、一気にEへ走らす。

夜、風きつくなる。いい調子で快走。

ディレクション・ファインダーで、現在位置を測る。サンフランシスコの北方にいることがわかった。

晴れた夜空だ。セクスタントで天測をする。ポラリスで緯度を見た。三八度二〇分から三〇分のあいだにいる。サンフランシスコは三七度四〇分である。かなり近い。

元気をだして、夜も走る。

すべて、いい調子だ。完全に、NからNEに定まってくれた。たまには、パタッと落ちる。しかし、休憩が短い。すぐにまた、腰をあげて、もとどおりN〜NEを吹いてくれる。うれしくてたまらない。

ここまでくると、どうしても位置を確かめたい。どこまできたかを知りたくなる。

ディレクション・ファインダーのアンテナを、あっちこっちへまわしてみる。サンフランシスコの電波が、南南東から聞こえる。シスコの北寄りにいることがわかる。ほぼ、ねらったとおりのコースだ。

ラジオもいろいろにむきをかえて聞いた。「ディス・イズ・サンフランシスコ」がよく入る。「ラジオ・バンクーバー」と言っているのも、ハッキリ聞こえる。

以前には、バンクーバーもシスコも、ほとんどおなじEの方角にあった。が、いまではグッと角度が開いている。バンクーバーは北に、サンフランシスコは南にある。近くなったために、ひらきかたがすごくシャープになっている。「きたッ」という感じである。

夜、風がきつい。でも、ヘッチャラだ。セクスタントをかかえて、デッキへ出る。ポラリスが明るい。緯度を測る。やっぱり、いいところにいることはまちがいない。

西方、はるかかなたに、船影を見た。かなり大きな汽船だ。水平線を見えがくれしながら、東へむかっている。どうも、シスコへ入るらしい。フィーリングだけれど、どうもそんな匂いがする。こういう感じは、存外、当たるんじゃないだろうか。

いままでは、ぜんぜんやらなかった目測をはじめた。フォッグがないので、一〇マイルは見とおしがきくように思われる。これだけ視界がきけば、そう心配しなくていい。パッと見て、何もなかったら、サッと眠る。また起きて、パッと見まわす。そのあいだは、よく眠れる。お天気がいいおかげだ。フォッグがきつかったら、ちょっと寝られないとこである。ツイている。

8月11日(土)=第九三日

すてきにきれいな月夜だ。月齢は満月に近い。いま、ぼくはサンフランシスコ港の沖にいます。ほんもののシスコです。

昼間のうち、濃かったフォッグも、ほとんど晴れている。シスコの街のてっペンと、ゴールデン・ゲートの上のほうに、うっすらとかかるだけだ。

金門橋のイルミネーションは、はじめオレンジ色だったのが、いまは変わって見える。その南側に、シスコの灯が規則正しく整列している。

けさ、起きてみると、ハッキリ海の色が浅かった。もう、気のせいではありません。あきらかに黄色い。波がパッと立つ。近海の波だ。風なくなる。じれる。

ジェット機が二機、北から南へと消える。モーターボートを見た。二〇トンぐらいのフィッシャーマン・ボート（釣り舟）だ。これも〈マーメイド〉の東方を、北から南へぬける。

貨物船が二隻、やはり南へすぎる。

にぎやかになってきた。ジッとしてはいられない。風のないうちにと、キャビンにもぐって、ヒゲをそる。はじめて、ていねいにあたった。船内も整理する。

終ったころ、風がパッと出る。予想どおりのN～NWだ。カッコいい。クォーターリー・アビームで走らす。

相変わらず、スモッグが深い。午前10時ごろ、スモッグに穴があくような感じで、なんだか赤いものが顔を出す。島だ！（大きな島、アメリカ大陸）

アメリカだ！

ニヤつかないように、タヅナをしめる。陸は赤ムケで、木がない。バカに殺風景なところだとおもった。

海岸線にそって、南に走る。ランニング（追風）からツイン・ステースルに変えた。航海計画の目標地点ポイント・レーヤー（レーヤー岬）にむかう。

正午すぎ、岬を見る。ポイント・レーヤーと確認する。調べてきたのとピッタリだ。わが航法も、まんざらじゃない。

日暮れ前、スモッグが降りた。急に暗くなる。

今夜じゅうに、ゴールデン・ゲートに入ろうかな。が、すぐに考えなおす。このへんは悪潮流の本場だ。波も不規則である。ここまできて失敗したら百年目。

シスコの灯を前に、南西へ走らす。陸が遠くなる。もったいないが、セーフティ・ファーストでいく。沖へ沖へと出た。

これから、徹夜でワッチ（見張り）だ。ものすごく寒い。


朝会ったフィッシャーマン・ボートはおもしろかった。漁船といっても、日本のとはだいぶちがう。長いサオを何本も、デッキから横に出したまま走っている。デンとした見張り台がついていて、専任のワッチがいた。

彼は長いあいだ、ぼくのほうを観察していた。それがハッキリわかる。だのに、ながめるだけながめて、黙ってゆきすぎてしまった。

このへんのヨットだとおもったんだろう。まさか、日本からきたとは、想像もつくまい。よく見れば、ヨボヨボになっているのが、ピンときそうなものなのに……。愉快になった。

アマチュアなのかな、と考えた。アメリカには、そういう釣り師がたくさんいるはずだ。しかし、どこで見分けたらいいのか、見当がつかない。

つづいて、カーゴ・シップ（貨物船）が一隻ならんでいるのを見る。スモッグがあるので、ボンヤリうすぼけている。二マイルぐらいむこうだろう。ピッタリくっついて、ジッとしているみたいだ。

はじめ、とまっているのかとおもった。もしそうなら、港が近いのかもしれない。が、よくよく見ると、ノソノソ動いている。繋船して、曳航しているんだ。

なんといっても、針路のピシャリだったことがいちばんうれしい。いよいよ、シスコにとりついたドキリよりも、そっちが先にくる。シーマンのプライドである。

位置はサンフランシスコの北方だ。しかも風はNから順調にくる。ランニングでまっすぐにねらってもいい。しかし、まずポイント・レーヤーを、この目で見たかった。五年かかって練ったプランが、レーヤー岬を目標地点においていたからだ。執念みたいなもんである。迷わず、クォーターリー・アビームで、レーヤーをダイレクトに目ざす。

ヒゲをそってから二時間、はじめてスモッグ越しに陸を見た。このあたりの土は、夏のあいだ赤い感じに見える、と書いてあった。そのとおりだ。

陸と平行に、南へくだる。レーヤーの状況も、とっくに頭に入っている。来たこともないのに、まぶたの裏の画面に、イメージがはりついていた。

ランニングからツインに変える。やっぱり気がせく。また、フィッシャーマン・ボートに会った。アンカリング（碇泊）している。家族づれらしい。大きな船だけれど安ものだ。アメリカも上等ばかりじゃないんだな、と感心する。

ワン　ツー　スリー　フォー　白！

最初に目に入ったのは、高い灯台だった。岬の中腹よりいくらか上に、まっ白く光っていた。山肌は緑だ。白がきわだつ。

灯台の高さを目測する。予備知識では、標高三〇〇フィートとなっている。たしかに、九〇メートルぐらいだ。符合する。地形も合う。灯台の横に灯台ハウスがある。少し上の家も、そのとおりだ。まずまちがいない。

鳥の往復がはげしい。これはわかる。カモメやカラスだもの。しかし、お目にかかるのは、ずいぶん久しぶりだ。なつかしい。

午後二時ごろから、スモッグが濃くなる。いままでよりも、きつくなる時刻が早い。日没より前に、ストンと暗くなった。さっぱり見とおしがきかない。とおもったとたん、パッとポイント・レーヤーの灯がついた。

この灯台の点滅は、ＦＬファイブ・セコンドのはずである。四秒おき（五秒め）に、白光がフラッシュする式だ。目をこらして、間合いを測る。ワン…ツー…スリー…フォー…白！ドンピシャだ。これでもう、ぜったいにレーヤーである。確認できて、いい気持。

ゴールデン・ゲートとは、二〇マイルのご近所にいる。よし、今夜じゅうに入ってやろう。さいわいに、風もそう強くはない。ノソノソしていて、強風になってはいかん。早いほうがいい。

が、ここで気を静める。あわてて、斜めにつっ走るよりも、三角形の二辺をたどって、海岸線と直角にシスコへ入るほうが、ずっと安全確実だ。あくまでも、セーフティ・ファーストを忘るるなかれ。

ひとまず、ま南にさがる。海岸線は南へいくほど、東へそれている。だから、南行すれば、陸が逃げる。沖へ出る。しかたがない。ともかく、さしあたって南へ走る。

でも、いきっぱなしも危い。ファラロン暗礁がある。有名な難所だ。で、適当なあたりで、陸と平行に進む。ファラロンをよけて、ゴールデン・ゲートと、港外にある灯台船のあたりにねらいをつける。

シスコの灯が見えはじめた。とっさに、湯殿のあかりを連想する。あそこには、風呂があるにちがいない。スットンキョウだけど、まずそう考えた。

ああ、のびのびと湯につかりたいなあ。そして、ゴシゴシ洗ったら、どんなに気持がええやろ？

なにしろ、三か月間も、ろくにからだを洗っていない。いったん入浴のことをおもったら、もう矢もタテもたまらない。痛切な望みだ。

ところが、急に風が落ちる。これは悪い兆候なんだ。困ったことになった。

シスコ港の内外は、潮流がきつい。きついばかりでなくて、悪潮流で名高い。海図は持っているけれど、港内には何がかくれているか、知れやしない。しかも海底の地形がこみいっている。だから、不規則で悪質な波が出る。波長も短い。

こんなところでマストを折ったら、立てているあいだに、確実に流される。せっかく、シスコの目の前まできたんだ。ここで失敗したんでは、男が立たん。西宮沖でダメになるのと、おんなじじゃないか。

お正月に、金毘羅さんへ行った帰り、的形でのしあげた醜態をおもいだした。

今夜じゅうの突入はやめにする。存外すなおにあきらめた。ここまできて、一晩を争ったところで、なんにもなりはしない。気が落ちついて上を見たら、大きな月があった。

沖！　沖！　沖へ逃げるにかぎる。

タックして、〝風呂場の灯〟の前を離れる。案のじょう、波がすごい。ローリングがきつい。

やっぱり、いくらかは心残りなんだろうか。スターリンググラード攻防戦の戦訓を、頭のなかで復習している。もう一歩というところでヒットラーがあせって、けっきょく逆転されたんだ。あわててはいけない。戦争の話はわかりが早くていい。ぼくは好きだ。

シスコは国際港である。夜がふけても、船の出入りが多い。ぶつけてはたいへんなことになる。うっかりできない。ともかく、あと一日だ。朝まで起きている決心をきめた。徹夜でワッチとする。出発してから、はじめてする完全徹夜である。がんばろう。しかし、睡い。

8月11日、ポイント・レーヤー岬の上に灯台が見えた

西宮出港から94日目、8月12日、いよいよゴールデン・ゲートに進入開始

ゴールデン・ゲート通過直後の〈マーメイド〉

サンフランシスコ到着。役人や新聞記者が駆けつけてきた

バウを沖にむける。どうしても、目が街の灯に吸いついてしまう。ソワソワする。やっぱり、うれしいんかいな、などと人ごとみたいに考える。すると、うれしくないみたいな気がしてきた。安心してはいけない。今夜が大切だ。

でも、睡い。目がしぶい。まぶたがさがってくる。長いあいだ、お天道さんがいないときには眠る原始人暮らしをつづけてきたもので、習慣がついてしまったにちがいない。

お湯をわかして、コーヒーをブラックでグッと飲む。目覚ました。

すごく寒い。夜とともに、冷えこみがひどくなる。パッチ（ももひき）をはく。シャツも二枚にした。その上にセーターを重ねる。ふつうのジャンパーを着こんで、もう一枚、メリケン（米兵）の防寒ジャンパーもかぶる。計五枚だ。ウールのマフラーも巻いた。ここで風邪をひいては、わりに合わない。

それでも寒い。寒いと睡くなる。おまけに、今夜はワッチだけしか、することがない。手持ちぶさたで、なお、まぶたが下りたがる。

キャビンでコンロをたく。石油は山ほどあまっている。もう節約しなくてもいいだろう。安心して、つけっぱなしにする。コックもいっぱいに開く。はじめて暖房に使う。

デッキに立っていると、フォッグでからだがベッタリと湿ってくる。キャビンにもどって温まる。また、ブラックを飲む。眠っちゃいけない。危険だ。

シスコの灯を見ながら、フォッグにぬれているなんて、ええところやなあ。ふと、そんなことを思う。睡気ざました。

夜明けが近づいて、ますます冷えこむ。みぶるいする。が、とにかく朝を待つばかりだ。

五時に日が出たら、同時に行動開始とする。

考えることが、いっぱいありそうだ。しかし、何も浮かんでこない。安心したらあかんで。

それればかりを自分にいいきかせる。

睡い。

日本晴れのま昼だった

8月12日(日)=第九四日

やっと、しらしら明けがきた。クルージング・バージ（マストの頂上につける三角の旗）と、イエロー・フラッグ（黄旗）をあげる。キッチリつけた。

いよいよ、日の出だ。フィニッシュにかかる。

〈マーメイド〉は、本日ただいまより、ゴールデン・ゲートに進入を開始する。

お母ちゃん、ぼく、きたんやで。

寒い明けがたである。陽光の刺激で、睡気がさめた。沖にむけてあったバウをまわす。依然として、風がない。なかなか進まない。まだまだ、シスコは遠いなと思う。

NWの追い風が吹きだす。ツイン・ステースルを張る。日曜日の朝だ。まだ早いのに、たくさんのヨットが、スイスイとすべり出してくる。みんなすごくデラックスなクルーザーばかりだ。見たところ、三〇フィート以下なんてのは、いやしない。雑誌の写真でしか見たことのない高級なヤツが、ザラに通りすぎる。

いいのを見るたんびに、ドキドキする。うらやましいより何より、先に感心してしまう。さすがアメリカやなあと思う。豪勢なヨットぞろいだ。これがアメリカのファースト・インプレッションである。とうとうきたという実感が、少うしわいてくる。

が、ジャンジャンとすれちがっていくおかげで、逆潮になる。むかい風で逆潮とは、目もあてられない。連中の快走と比べると、こっちの船足はお話にもならない。少々みじめだ。しかし、あわてることはあるまい。あわてる乞食は、もらいが少ない。

ゴールデン・ゲートの手前で、ストーム・ジブに変えた。スピードはますます落ちる。ボートをつけるときに、タッキングしやすくするための支度だ。

どっちみち、クラブ・ハウスの前かどこかに、着けることになるんだろう。ヨットマンがいっぱいいるにちがいない。かれらの目の前でモタついて、みっともない接岸をしては困る。日本男児の恥になる。

走るのが遅いのは、まあ我慢できる。しかし、接岸の技術がぶざまではいけない。サッとつけて、フィニッシュを飾ろう。最後のところで、アメリカのヨットマンにヘマを見せるよりは、着くのを遅らせるほうがましだ。

午前十一時、ゴールデン・ゲート南端の橋桁を通過した。くぐりながら見あげる。人間は歩いていない。車ばかりがビュンビュン走りまくっていた。

さて、どこへつけるか？　〈ゴールデン・ゲート・ヨット・クラブ〉と、〈セント・フランシス・ヨット・クラブ〉があることは、調べてある。だいたいの位置も、呑みこんできたつもりだ。でも、イザとなると、ハッキリつかめない。

弱っていたら、四五フィートのヨール（型名）が追ってきた。すれちがうヨットばかりだったのに、これだけが中へ入ってくる。ハルはまっ白にぬってある。どういうわけか、船名は書いてない。

家族でクルージングに行った帰りとおもわれる。船員帽をかぶったオッサンがスキッパーだ。奥さんらしい中年婦人も見える。原色のスポーツ・ウェアを着た若いお嬢さんたちが、クルーをやっている。

またたく間にならばれる。

「ホエア・ドウ・ユー・カム・フロム？」（どこからきた？）

オッサンが怒鳴る。

もう、かくすことはあるまい。

「フロム・オーサカ・ジャパン」（日本の大阪からや）

こっちも大声で叫びかえす。

このときに、ぼくが、「ケンイチ・ホリエ。オーサカ・ジャパン」と答えたというのは、つくりばなしである。姓名なんか名のるはずがない。どうして、あんなことになったのか、まるでわからない。

「ウオーッ」

オッサンは、ほえるみたいな声をあげた。

「どこに着けたらいいんだ」

と尋ねる。

「あっちだよ」

指さしている。案内してくれるつもりだ。とわかって、ふっと心配になった。ままよ。

「アイ・ハブ・ノー・パスポート」

おそるおそる白状したら、オッサンはケロッとして、

「オッケー・オッケー。フォロー・ミー。」（よしよし。ついてこい）

それで、いっしょに走りだす。しかし、むこうは四五フィートのパリパリだ。こっちは一九フィートきりだし、三か月も走っている。コンディションが悪くて、ついていけやしない。半分ぐらいのスピードがせいぜいである。

オッサンの船は、すぐにサーッといってしまう。それからまわって、むかえにくる。また離される。もどってくる。まだるっこいことをくりかえす。劣等感だ。

「ハウ・メニー・デイズ・アー・ユー・クルージング?」(なん日かかった?)

「スリー・マンスス」(三か月だ)

thの発音をキチンとやった。

ついでに、長くかかったことを説明しようとおもって、野球帽をぬいで見せる。このボーボー頭をごらん、という意味のつもりだ。

そしたら、オッサンは、

「オー! アイ・アム……なんとか、かんとか」

と、まじめな顔で言ってから、サッと船員帽をとった。見ると、完全なツルッぱげだった。たしか、言ったことばは、「オレなんか、なん十年も人生クルージングをやってきたもんで、毛がなくなっちゃった」ということらしい。

ヤカン頭を光らせて、ニコリともしない。アメリカ式のジョークである。ふきだしてしまう。

やっと、〝監獄島〟に近づく。コースト・ガード(海上保安庁)のランチがよってきた。ハゲのオッサンが、行ったり来たりしてるうちに、そのへんにいた艇に連絡したんだろう。あとで知ったのだが、オッサンはジャコブスさんといって、テレビ関係のエライさんであった。

ランチがならぶ。こっちの船足をとめる。サイドをつけようとする。が、波が高くて、うまくいかない。あきらめて、曳航してもらうことになった。

ひっぱられて、〈アクア・パーク〉に入る。ここまでくると、波はぜんぜんない。ヨットハーバーではなさそうだ。大勢、泳いでいる。海水浴場なんだろう。接岸するところはなさそうである。

丸太ン棒を突っ立てて、枝を張っただけの防波堤(?)があった。コンクリートで固めた立派なのとはちがう。しかし、うまくつくってある。一応、略式のハーバーに使っているのかもしれない。

そこに一本だけクイが立っていた。ランチはそれにもやいをとる。エンジンをバックに入れたまま、かけっぱなしだ。日本人なら、アンカーを打ってから、バウをよせる。が、ヤツらはアンカーなんて使おうとしない。スクリューを逆にまわして、バックさせている。バウからもやいをとってあるから、船は岸に直角に立つ。ガソリンがアンカーだ。ぼくは、ランチの横につける。

ぜいたくなまねをする、とあきれる。これがアメリカなんだな。そう思ったとたん、デスティネーションに着いた感触が、ゾクリッと肌を流れた。

ウワアー、アメリカや! サンフランシスコや! ヤッタッタ!

青い目の役人や新聞記者が集まってくる。記者たちはモーターボートを飛ばしてきた。ずいぶん潮気のあるジャーナリストだ。

キャビンへとってかえす。カン入りのビールを一ダースばかり持ってきた。ほんとうは内心ヒヤヒヤである。ヤツらの気分を害したら、監獄島へ送られるかもしれない。

「〈アサヒ・ビアー〉」

といって、さしだす。もう残しておいてもしかたがない。その場であけて、飲むのもいる。飲んでから、もう一本、ポケットにしまったのもいた。

ひとりが、

「オーバー・ゼア」(あっち見ろ)

と双眼鏡をつきつける。なんだろうと受けとって、そっちを見る。

女の子がいっぱい陽に当たっていた。ビキニ・スタイルがほとんどだ。オヘソのオン・パレードである。困ってしまう。でも、せっかく見せてくれたんだから、お世辞をいわなくてはならない。

「アイ・ライク・ザット」(いいながめだ)

そう叫んだら、みんなキャッキャと笑い立てた。

快晴のま昼である。日本晴れだな、とおもった。

解説　堀江謙一君と私との関わり

横山　晃

堀江謙一君は日本の海洋スポーツ界のために百年に一度というほどの功績を残した。その功績とは「一六〇〇年代以来、日本の政府が採り続けた鎖国に、明確な終止符を打った」という絶大な功績である。一般の人々には信じ難いことなのだが、一九六二年の秋まで、日本のヨットマン達が海外へ渡航しようとしてもパスポートを手に入れることは出来なかった。幕末の頃に吉田松陰がアメリカへの渡航を企てても果せなかった頃と比べて、ほとんど前進していないという現実があったのである。

私と堀江謙一君との接触は彼が高校を卒業してから二〜三年後の時期から始まった。その時私は関西へ出張中で、大阪の中華料理店に招待され「関西のヨットマン達の質問に答える会」に出席していた。すると一人の小柄な青年から元気な質問があり「スナイプ級ヨットで太平洋横断は出来ますか？」（スナイプとは高校生が二人乗って短距離のレースをする艇)。その質問は普通の常識では誰も考えないほどの常識破りの珍問なので、会場の大半の人が笑い出すほどだった。けれど私まで笑っては質疑応答にならないので、私は「その答えは簡単なのだが、あまり簡単に答えると、キミの勉強にならない。だから宿題を二つ出そう、第一問はキミの口へ入る食物と飲物の材料を百日分、正確に克明に調べなさい。その百日は大阪を出てからアメリカに着くまでの日数だから、何が足りなくても途中には買う店などないし、真水を補給する井戸もない。それにメシでも米と水だけでなく燃料も要る。調味料が足りなくても百日も我慢したら体調が怪しくなるし、ビタミンCが不足してもAやBが不足しても健康は維持できない。だから栄養士になった積りで克明に計算して総重量をキログラムで出す。

さて第二問は、その百日の間の気象だ。大体五月から七月の辺で、去年の資料でも良いから測候所などで教わると良い。雨とか晴れとかよりも風速は秒速何メートルが何時間続いたか正確に調べる。そこでスナイプ艇に積み込む重量と同じ重量の友人達……たぶん五人とか八人とか、相当の人数になる筈だが、間違うと大変だし乗せ切らない内に浸水が始まると危険だから、キミは一歩退き、全体を見定めること。その上で百日の間で最悪の風波の中を、太平洋の真中で帆走したらどうなるか？　それを冷静に判断するのはキミ自身だ。……その宿題をやってみるか?」と言うと、その青年は「やってみます。有難うございました」と大声で答えた。その青年が堀江謙一君だったのだ。

たぶん、頭の良い堀江君は其の二つの宿題に取り組むうちにスナイプのことなど忘れて色々なクルージング・ヨットに注目し、「こんなヨットなら積込み品を積み切れるかな?」とか、「こんなヨットなら安く出来そうだけれど大波を凌いで走れるのかな?」など具体的なイメージを膨らませていったに違いない。

一年ほどの年月が流れて一九六一年、鹿島郁夫さんのコラーサI世号(堀江青年の太平洋横断の翌々年、ヨーロッパからアメリカへの大西洋横断に成功した艇)が姫路の奥村ボートで建造を開始した。この艇は私の設計だが、私が鹿島さんから注文を受けた時は潜水母船として南西諸島や伊豆諸島などで、荒天にも負けずに使いたいという注文だった。私は鹿島さんの注文を聞きながら「この人は米国への渡航を考えているに違いない」と直感し、「承知しました」と答えて太平洋横断に最適のヨットを設計したのだ。だから堀江謙一君がこのヨットの骨組と設計図を見たら、「このヨットなら太平洋横断に最適かも……」と思うのは当然である。

だから一枚のハガキに大きな文字で「鹿島さんが奥村ボートに注文したヨットで、太平洋横断は可能ですか?」とだけ書いた質問状が堀江謙一君から私宛に来た。彼の手紙はいつも、挨拶抜きの本文だけを大きな文字で紙面一杯に書き、一問一答主義の手紙だった。

だから答える私も挨拶抜きで「鹿島さんのヨットで太平洋横断は不可能ではありませ

ん」と書いた。もしも「横断は可能です」と書けば「汽車に乗れば終点に到着できる」みたいに、努力や技能は要らないような印象を与えるので「不可能ではない」と書けば「努力しない奴はダメ」とか「技能のない奴もダメ」などに気付いてくれる筈だと思ったためだ。

　すると折り返し「八月三日に設計図を買いに行きます」と来たので「待ってます」と返事するとその日に彼は現われた。

　設計図は艇番号指定で一隻建造権利付きなのだが「順番から言えば四号ですが、五号にしても良いのですよ」と言うと彼は「四号は良くないのですか？」と質問するので「四号は死を意味すると言って嫌う人もいます」と言うと「それでは五号にして下さい」と即座に答えるので「貴方でも縁起を担ぐのですね」と言うと彼は、「縁起などはどうでも良いのですが、運は悪いよりも良いことを希望します」と現代的で前向きで、話術も達者だった。

　しかも驚いたことに彼が関東に来たのは初めてなのに東京へは足を伸ばさず、江の島、葉山、油壷というヨット中心地を見ることもせず、真直ぐに来て真直ぐに帰るという直線行動のトンボ帰りなのだから恐れ入った。しかも一切の余計な会話などせずに「質問しても良いですか？」と前置きして「この設計図でフネを造船所に作らせ、太平洋を航海してアメリカに到着する。というフルコースの月日の中で最大の困ったことがあるなら、それは何ですか?」という質問だった。

それに対して私は「それは出国手続きです」と答えると彼は、

「それはどの程度の困難なのですか?」

「それは場合によって様々と思いますが、例えば最も困難が少ない場合を示すと、アメリカ人オーナーの艇にクルーとして乗り組み、経済的な条件(米国での滞在費や帰りの旅費など)は一切オーナーが保証するという場合でも、渡航手続きを扱う窓口の公務員は〈そのヨットの安全度は完璧なのかどうか、証明書を持って来い〉とか、〈民間の個人発行の証明書ではダメ〉など色々に言うので、毎日アチコチ駆け廻っても半年以上掛かるなど、よほど辛抱強い努力家でないとダメでしょう。ましてドルを持ってないとか有力なアメリカ人保護者が見付からないとかの条件が出て来ると非常に困難は大きいと思いますよ」

「その対策はどうすれば良いですか?」

「それは窓口の公務員の何人かに当ってみれば人毎に違いがある筈ですから、なるべく早目に手続きに着手し、ダメだと思ったら別の窓口へ転進する必要もあるので、なるべく多くの日数(たぶん一年以上)を予想する以外にないでしょうね」という程度の返事しか出来なかった。

堀江君は旅行代理店で業者の立場から色々な窓口に手続きを試みたが総て見込みがなく「とても付き合い切れない」と判断し、彼は密出国して太平洋横断を開始した。

やがて九四日後にサンフランシスコに到着したが、米国の官憲も大衆も、彼には意外に温い扱いだった。またマスコミの人々はアメリカ側も日本側も彼を英雄扱いしてくれた。

その頃、海上保安庁の横浜保安部（海の警察署）から私宛に書状が届き「堀江謙一の密出国を幇助した疑いで取り調べるので出頭されたい」とのことなので、私は定められた日時に出頭し、直ぐに調書を取る仕事が始まった。

保安官「貴方は堀江謙一が大阪から出発する前に、アメリカに向かうことを知ってましたか？」

横山「彼は設計図を買う時から太平洋横断は可能ですか？　という質問で始まったのですから、私は彼の航海目的を知ってました」

保「冒険航海と知っていて、なぜ貴方は制止しなかったのですか？」

横「私は元来、冒険を奨励する主義者ですから、制止する筈はありません」

保「それで貴方は堀江に密出国を勧めるような言動があったのですか？」

横「イヤ私は彼が密出国しないように、ひと通りのことを教えたのですが、その問題に彼の関心を引き込んだのは私なのですから、私は彼の密出国と無関係ではありません」

保「そのことを詳しく話して下さい」

そこで私は彼が設計図を買った時の質問と私の答えを詳しく説明し、彼が旅行代理店に勤務して、旅券公務員の実態を詳しく研究した上で、「〈とても付き合い切れる相手ではない〉と見定めた上で判断し、密出国を決断したのは堀江君自身だと思います」と説明すると、保安官はとても困った顔で考え込み、一時間経っても二時間経っても調書を書かない。そこで私は「堀江君と私と、窓口の公務員とのことは詳しく話しました。だから貴方は聞いた通りに調書を書いたらどうですか?」と催促しても、保安官は額から脂汗を流し、顎から汗の水滴を垂らしながらも無言で考え込み、夏の西日が射し込む部屋なのに、当時は冷房はないのだから、彼も私も苦しい修行を課せられた状況で三時間余り経った。

やがて日が傾いた夕刻になって、保安官は調書を書き上げて読み上げたが、その内容には堂々たる風格があり、私の説明した通りを書いた上で、堀江謙一が密出国に走ったのはいささか短慮の傾向で事を急ぎ過ぎたように思われる。けれど自ら旅行代理店に勤務して旅券窓口の公務員の実態を詳しく観察するなど、堀江としては最善を尽くしただろうことが推察されるので、悪意は認め難い。しかも単なる物識らずでもないと判断できる。地方の旅券交付窓口の公務員達は、従来からの職場の慣例ではあっても、故意に旅券交付を手間取らせたのは「危険の多い旅行を思い止まらせようという善意で行われた」と推察できる。けれどその処置は民間人の自由な旅行に対して、配慮に欠けたことなので、今後は早急に改めるべき弊風と判断できる。

などと書かれてあって、「さすがに海上保安官は第一級のシーマンなので、第一級の判断を示したなあ……」と私は思った。間もなく堀江謙一君と私には不起訴が通告された。

旅券窓口の公務員達への罰則行使は、なかった様子だったが、驚くべきことに、ヨットマンが窓口で手続きを頼むと、今度は手の平を返したように旅券が出て来るようになった。

これでようやく日本の役所も先進の文明国と同列に並んだのだが、思えば吉田松陰が密出国を企てて打首になった幕末から、百年間も徳川時代と同じに開かなかった「鎖国の扉」が、一瞬の内に音もなく開いた。……それを開いたのは堀江謙一君だったのである。

間もなく堀江謙一君が帰国した。その頃の国際空港は羽田だったが、あるテレビ局から「羽田空港での出迎えイベントに出演して欲しい」と依頼があり、その放送記者が私の事務所に来て「他のテレビ局に洩らさないように」などと切迫した顔付きだった。

当日の空港ロビーには千人に近い白ワイシャツ姿の学生達が散在するのが不審だったが、後で判明したところでは、人間津波を起こしてロビーに居合わせる人々全体を一気に押し流すために、テレビ局が雇ったアルバイト学生達だったのだ。

やがて堀江謙一君が出口ゲートに現われた時に気付くと、私は両腕を掴まれてゲートの方へ押されていき、堀江君と共に数十人の集団の真中に位置したままスピードを速め、見渡す限りの白シャツ集団がその周囲を幾重にも取巻いて、津波のような物凄いスピードで走り始め、空港ビルを出て斜めに広場を横切って車道へ出ると、そこにはエンジンを始動しドアを開けて待機する車が数台並び、二台目には堀江君、三台目には私、そして二人を取囲んでいた人々も車にナダレ込むや否や、その数台は整然とした縦列のまま急発進して夜の第一京浜国道を疾走し始め、後方では他のテレビ局や新聞社の人々と思われる様々な車が、テンヤワンヤの騒動の中から一台また一台と急発進して追撃して来るのが見られ、正にアメリカ映画の活劇を見るようだった。

そのうちに警察のパトロール・カーが飛び込んで来て縦列に割り込もうとするのだがガードが固いので、先頭へ廻り込んで来た。普通ならその辺で縦列全体がストップさせられるところなのに、なぜか、パトカーは戦列を離れて路傍へ去って行くので「これは一体、何なのですか?」と横にいるテレビ・スタッフに聞くと、「この縦列の先頭の車を一人で運転しているのが我々のリーダーで、前々から警察庁の上層部にコネを付けて、認可を取ったのは彼なのです。だから無電でそのことをパトカーに告げると、直ぐに引き下がるのですよ」とのことだった。けれど恐ろしいのはマスコミの他社で、物凄い大馬力で大型の、戦車のような軍用トラックで縦列の側面にピタリと喰らい付いて、グイグイ、グイグイグイと横へ押して来るのは、本当に恐ろしかった。

とにかく恐ろしいスピードなのでたちまち東京丸の内の新聞社街に入り、やたらに曲って他社の追撃を振り切ってから、九段の方の堀端の静かなホテルに着き、車を降りると直ぐエレベーターに駆け込んで上層へ。そして一室に入ると堀江謙一君とドクトル・マンボウ氏が既に来ていて、テレビカメラも持ち込まれていた。けれど堀江君は大変な見幕で怒りまくっているし、マンボウ氏も機嫌は良くない。そのうちに階下が騒然として来たと思ったら、多くのエレベーターにその騒ぎが分乗して一斉に上昇して来た。そしてこの部屋のドアを割れんばかりに叩き始めたので、もう取材どころでなく、テレビ局員はドアを開いて「階下に記者会見の席を設けますから」と言って階下へ降りて行き、その夜のテレビ取材計画は御破算に終った。

結局、この騒ぎは一社対二十社のような抜け駆けでなくて七社対十四社というような特ダネ合戦らしかった。けれど堀江謙一君の知名度は短期間のうちに世界的英雄に昇格していて、たとえマスコミ界を二分しても、特ダネとして独占できる対象ではなくなっていたのだ。

それにしても滅多に見られない、スリル満点の大活劇は最大級に面白かったし、マスコミと取締り当局の内幕を見たのも面白かった。


第三者の視点から冷静に見れば、「ヨットの旅」は、あらゆる風向・風力・雨霧雪などの気象変化、潮流・海流・波浪などの海象変化と、克明に付き合っていく旅であって、それらは千年前とほとんど同じだから、千年前の人々が海で苦労し、多くの人が死んだのと同様の場面が再現されるのは当然のことかも知れない。

だからほとんどの人々が「そんな恐ろしい旅などしたくない」と思う中で、堀江謙一君など少数の人だけが「少なくとも自分は、千年前の人に劣らない勇気があるし、忍耐力も充分なので、負ける筈はない」という自信と好奇心に燃え、万難を排して擦り抜けて行く、機智と才覚と実行力を持っていた。その人達こそ、新らしい歴史を創作した旗手だったのである。その旗手の一人、堀江謙一君を紹介するのは嬉しいことである。

著者／堀江謙一（ほりえ けんいち）略歴

1938年　大阪市生まれ
1954年　関西大学第一高等学校 入学 同校ヨット部入部
1962年　全長5・8メートルのヨット〈マーメイド号〉で日本人初の単独無寄港太平洋横断（西宮よりサンフランシスコ）
1974年　小型ヨットによる西回り単独無寄港、世界一周
1982年　4年間にわたる挑戦の末、初の縦回り、世界一周
1985年　世界初、太陽電池によるソーラーボートにて単独太平洋横断
1989年　全長2・8メートルの超小型ヨットにて単独太平洋横断（サンフランシスコより西宮）
1993年　世界初、足漕ぎボート（人力）でホノルルより沖縄まで単独太平洋横断
1996年　ソーラーボート（アルミ缶リサイクル使用）にて南米エクアドルから東京まで単独太平洋横断
1999年　ビール樽528個とペットボトルのリサイクル素材で建造の双胴ヨットで単独太平洋横断
2002年　ウイスキー樽、アルミ缶のリサイクル素材で建造した〈モルツ・マーメイド3〉号にて単独太平洋横断（西宮よりサンフランシスコ）

受賞歴

1963年　「太平洋ひとりぼっち」（朝日新聞社）で第10回菊池寛賞
1964年　イタリア・サンレモ市より「海の勇者」賞
1974年　朝日新聞社より朝日賞
1998年　エクアドル共和国政府よりガラパゴス諸島バルトラ島の岬が、堀江謙一船長岬と命名される
2004年　マリンジャーナリスト会議よりマリン賞（特別功労賞）

著書

■「世界一周ひとりぼっち」（ケイブンシャ文庫）
■「太陽で走った」（朝日新聞社）
■「太平洋ひとりぼっち完結編」（朝日新聞社）
■「妻との最後の冒険」（朝日新聞社）
■「海を歩いて渡りたい」（TBSブリタニカ）
■「太陽に賭ける」（ベネッセ）

太平洋ひとりぼっち

二〇〇四年二月五日　初　版第一刷発行
二〇〇七年十月二〇日　改訂版第一刷発行
二〇一二年八月一〇日　第二刷発行
二〇二五年七月三十一日　第三刷発行

著　者　堀江謙一（ほりえ けんいち）
発行者　植村浩志
編集者　田久保雅己
発行所　株式会社　舵　社
郵便番号一〇五-〇〇一三
東京都港区浜松町一-二-十七
ストークベル浜松町
電話（〇三）三四三四-五一八一
装　丁　木村　修
印刷所　大丸グラフィックス

ISBN978-4-8072-1121-0